Uwe Heimowski

Der politische Jesus und die Botschaft vom Reich Gottes

Essays, Beobachtungen und Kommentare

VTR

Bibliographische Information der Deutschen Nationalbibliothek
Die Deutsche Nationalbibliothek verzeichnet diese Publikation in der Deutschen Nationalbibliografie; detaillierte bibliografische Daten sind im Internet über http://dnb.d-nb.de abrufbar.

ISBN 978-3-95776-089-0

Umschlaggestaltung: Mirjam Kaufmann
Bildnachweis (Umschlag): Image by Free-Photos from Pixabay

Die Bibelstellen sind der Luther-Übersetzung 2017 entnommen:
© 2016, Deutsche Bibelgesellschaft, Stuttgart.

© 2019
VTR, Gogolstr. 33, 90475 Nürnberg, Germany
http://www.vtr-online.com

Inhalt

Vorwort (Hermann Gröhe) 5
Einführung: Von dem reden, was wichtig ist 7

Teil 1: Christ und Politik 9

1. Der politische Jesus – und der Auftrag der Christen 11
2. „Wer nicht handelt, wird behandelt" – Christen und die Politik 16
3. Für Politiker beten 20
4. Langweiler oder Leuchtturm? 23
5. Welche Thesen gehören heute an die Rathaustür? 27
6. Wieviel Politik gehört auf die Kanzel? 30
7. Lieblingsthemen 33
8. Christen wählen Christus – Wo Politik an ihre Grenzen stößt 36

Teil 2: Gerechtigkeit und Freiheit 39

9. „Die Ungerechtigkeit der Demokratie" 41
10. Das ist ungerecht! 45
11. Armutsschere 48
12. Gottes Oasen in der Wüste – das Erlassjahr 51
13. Gleicher Lohn für alle? 54
14. Wer verdient, was er verdient? 57
15. „Freiheit, Menschlichkeit und Frieden": Das Projekt Europa 60
16. Wir sind das Volk! 63
17. Man(n) kann was dagegen tun: (Zwangs-)Prostitution 66
18. Hunger 69
19. Unfertige Gedanken zum Thema Nummer Eins: Flüchtlinge 72

Teil 3: Glaube und Anstand 75
- 20. Von Glauben und Anstand in der Politik 77
- 21. Mumm 80
- 22. Der Präsident und die Nächstenliebe 83
- 23. Das Volk, die Bürger und das Gespräch 86
- 24. Auf der faulen Haut?
  Aus dem Alltag eines Bundestagsabgeordneten 89
- 25. Ethik 4.0 im Zeitalter der Digitalisierung 92
- 26. Fake News entzaubern 95
- 27. Geschlechtergerechtigkeit:
  Mehr als ein Sternchen 98
- 28. Meinung haben – oder Meinung bilden?
  Beobachtungen zur US-Wahl 100
- 29. Im Glashaus – oder:
  Kultur der Gnade 103

Artikelnachweis 106

Vorwort

„Nun sag, wie hast Du's mit der Politik?" – Die Frage nach dem Verhältnis von christlichem Glauben und Politik spielt für viele Christen eine so entscheidende Rolle, dass man sie gleichsam als zweite „Gretchenfrage" an die Seite der Frage Gretchens an Dr. Faust „Nun sag, wie hast Du's mit der Religion?" stellen möchte.

Für die einen ist ein unpolitisches Christsein schlechterdings undenkbar. Sie sehen sich oft der Anfrage ausgesetzt, ob sie nicht Christsein auf politische Aktivitäten und ethische Mahnungen verkürzen – und Beispiele dafür lassen sich wahrlich finden. Doch auch jene, die einer sich auf das „missionarische Kerngeschäft" beschränkenden Christenheit das Wort reden, müssen sich fragen lassen, ob „politische Enthaltsamkeit" nicht auch eine Verkürzung unseres Glaubens darstellt.

Mich verbindet mit Uwe Heimowski, dass für uns zu einer glaubwürdigen Verkündung der sich in Jesus Christus zeigenden Menschenfreundlichkeit Gottes auch der Einsatz für eine menschliche Welt gehört.

Wir wissen uns dabei einig mit der „Lausanner Erklärung", in der es – in Ziffer 5 „Soziale Verantwortung der Christen" – heißt: „Versöhnung zwischen Menschen ist nicht gleichzeitig Versöhnung mit Gott, soziale Aktion ist nicht Evangelisation, politische Befreiung ist nicht Heil. Dennoch bekräftigen wir, dass Evangelisation und soziale wie politische Betätigung gleichermaßen zu unseren Pflichten als Christen gehören."

Weil sich unsere Liebe zu Gott – als Antwort auf seine Gnade und Liebe – von der Nächstenliebe nicht trennen lässt, wird jemand, der „spricht: ‚Ich liebe Gott', und hasst seinen Bruder" im ersten Johannes-Brief (Kap. 4, Vers 20) ein „Lügner" genannt.

Und zu dieser Nächstenliebe sind wir nicht nur im Nahbereich unserer christlichen Gemeinde oder Gemeinschaft aufgerufen. Wo immer Menschen „unter die Räuber fallen", Hilfe benötigen, sind wir, wie uns das Gleichnis vom Barmherzigen Samariter lehrt, aufgerufen, das uns Mögliche zu tun, ihre Not zu lindern. Dabei lassen uns die schier grenzenlosen Möglichkeiten des Informationsaustauschs im Internet-Zeitalter auch den „Fernsten" zum „Nächsten" werden.

Gerade weil es eben beim Christsein um sehr viel mehr geht als um politisches Engagement – um gelingendes Leben in Zeit und Ewigkeit durch das Vertrauen auf Gott –, kann ich mir ein unpolitisches Christsein nicht vorstellen.

Dabei ist der christliche Glaube nicht nur Ansporn zur Weltverantwortung aus Gottvertrauen, sondern auch ethische Orientierung. Die Verteidigung der gleichen Würde jeden menschlichen Lebens – gegen Vollkommenheitswahn, Nützlichkeitsdenken oder rassistische Ausgrenzung –, der Einsatz für Frieden, für Gerechtigkeit und die Bewahrung der Schöpfung gehören dazu in besonderer Weise.

Christen werden dabei oft um den richtigen Weg ringen und auch untereinander Meinungsverschiedenheiten aushalten müssen. Das schmerzt besonders, wo Eindeutigkeit erhofft wird, eröffnet aber auch die Chance, ein Beispiel für eine gute Streitkultur zu geben. Dazu gehören die Wertschätzung für gute Kompromisse, die Fähigkeit zu gesellschaftlichen Bündnissen, aber auch die Erfahrung eigener Grenzen. Da ist es gut, zu wissen, dass all unser Bemühen aufgehoben ist in der Gnade unseres guten Gottes.

In seinen 29 Aufsätzen gibt Uwe Heimowski einen Einblick, wie er als Christ politische und gesellschaftliche Situationen und Entscheidungen wahrnimmt. Dabei ist der Umgang mit Flüchtlingen ebenso ein Thema, wie das deutsche Prostitutionsgesetz oder die Wahl von Donald Trump zum Präsidenten der USA.

So unterschiedlich die Themen auch sind, so sehr verbindet doch die einzelnen Texte eine ganz persönliche Verknüpfung von christlichem Glauben und Blick für die Weltverantwortung von uns Christen. Das gilt etwa, wenn er zum Kampf gegen die Verbreitung von „Fake-News" und zur sorgfältigen Überprüfung von Informationsquellen auffordert und dies mit dem biblischen Rat „Prüfet alles und das Gute behaltet" (1. Thessalonicher 5,21) begründet oder das Gleichnis der Arbeiter im Weinberg als leidenschaftliche Befürwortung der Sozialen Marktwirtschaft nutzt.

Uwe Heimowski bietet uns spannende Betrachtungsweisen und regt zum Nachdenken an. Allen Leserinnen und Lesern dieses Buches wünsche ich viel Freude beim Lesen – und die Offenheit für neue Gedanken, wo denn ihr Platz ist, im Tun wie im Gebet „der Stadt Bestes" zu suchen!

Hermann Gröhe, MdB (Mitglied des Bundestages)

Einführung:
Von dem reden, was wichtig ist

Was tut eigentlich ein politischer Beauftragter der Deutschen Evangelischen Allianz? Häppchen essen bei politischen Empfängen? Auch. Wer seine Themen an den Mann oder die Frau bringen will, der muss Kontakte pflegen: in Zweiergesprächen, in Gremien, bei thematischen Veranstaltungen und manchmal auch bei Empfängen.

Die eigentliche Arbeit beginnt aber viel früher: Wer von dem reden will, was ihm wichtig ist, der muss seine Themen durchdenken und in (möglichst verständliche) Worte fassen. Wer schreibt, der bleibt.

Die Deutsche Evangelische Allianz meldet sich regelmäßig zu Wort. In kurzen aktuellen Pressemitteilungen oder, wenn es nötig ist, in fundierten Stellungnahmen und Expertisen: zu Religionsfreiheit oder Lebensschutz, zur Flüchtlingskrise oder zum Menschenhandel, um nur einige Stichworte zu nennen. Das Themenspektrum ist so weit wie die Gesellschaft, in der wir leben. Unsere Wertebasis ist die Bibel. Immer wieder fragen wir, wie wir christliche Werte in die aktuellen politischen Debatten und die konkrete Lebenswirklichkeit der Menschen transportieren können. Uns ist bewusst, dass sich in einer Demokratie viele Stimmen zu Wort melden. Wir sind nur eine, vielleicht kleine Stimme – aber eben eine Stimme.

Neben diesen ‚offiziellen' Stellungnahmen der Deutschen Evangelischen Allianz werde ich auch persönlich häufig um Artikel und Einschätzungen gebeten. Im christlichen Männermagazin MOVO, das quartalsweise erscheint, darf ich das politische Zeitgeschehen in einer eigenen Kolumne kommentieren. Für diverse Zeitschriften habe ich in den letzten Jahren theologische und politische Aufsätze und Kommentare verfasst.

Mein Dank gilt dem Verleger Thomas Mayer, der die diversen Texte für diesen Band gesammelt und inhaltlich sortiert hat. Dadurch ist eine Art kleines Kompendium zu einer Reihe von Themen entstanden. Man kann das Buch von vorne nach hinten lesen oder einfach einzelne Texte herausgreifen. Länge und Stil der Beiträge sind unterschiedlich. Die einen haben einen jeweils aktuellen Bezugspunkt, die anderen sind eher grundsätzlicher Natur. Allen aber ist eines gemeinsam: Ich rede von dem, was mir, was uns, wichtig ist, nämlich der Glaube an den lebendigen Gott, dessen Maßstäbe auch für unsere Gesellschaft und die Politik von Bedeutung sind.

Mein Dank gilt zweitens Hermann Gröhe, dem kirchenpolitischen Sprecher der CDU/CSU-Fraktion, der das Vorwort zu diesem Buch geschrieben hat. Hermann Gröhe ist nicht nur bekennender Christ, in Sachen Religion und Ethik ist der frühere CDU-Generalsekretär und Bundesgesundheitsminister einer der profundesten Experten und anregendsten Gesprächspartner im politischen Berlin.

Und ein dritter Dank geht an meine Mitarbeiterin Kersten Rieder, die für einige der Texte im Hintergrund recherchiert hat, und die regelmäßig als kritische erste Leserin Verbesserungsvorschläge einbringt.

Teil 1
Christ und Politik

1. Der politische Jesus – und der Auftrag der Christen

Jesus politisch? Vergessen wir nicht: Jesus wurde aus politischen Gründen hingerichtet.

An das Kreuz von Golgatha, über dem Kopf des sterbenden Jesus, wurde ein Schild genagelt, auf dem der Grund für das Todesurteil festgehalten war. Pontius Pilatus, der römische Statthalter, hatte dieses Schild anfertigen lassen, in Lateinischen, Griechischen und Hebräischen Lettern, damit jedermann es lesen konnte. INRI stand dort: IESUS NAZARENUS REX IUDAEORUM – Jesus aus Nazareth, König der Juden.

Pilatus war dem gleichen Missverständnis aufgesessen wie dreißig Jahre vor ihm der König Herodes. Herodes hatte mit eiserner Hand jeden Konkurrenten ausgeschaltet. Als er dann von drei Reisenden, weisen Männern aus dem Morgenland, erfuhr, dass sie auf der Suche nach einem neugeborenen „König der Juden" seien, ließ der paranoide Herrscher aus Angst um seine Macht alle männlichen Säuglinge ermorden.

Jesus, ein König? Pontius Pilatus hatte ihn direkt danach gefragt: „Bist du der König der Juden? Er aber antwortete ihm und sprach: Du sagst es." (Markus 15,2). War das eine Ablehnung oder eine Zustimmung? Je nach Betonung, ist beides möglich: *Du* sagst es, oder du *sagst* es. Doch wie man es auch interpretiert, wenn Jesus sich selbst als König, als den verheißenen Messias der Juden, verstanden hat, dann war damit definitiv etwas anderes gemeint, als Herodes und Pilatus und der Hohe Rat darunter verstanden haben.

Wer die Evangelien liest, dem wird schnell klar: Jesus hat kein weltliches Amt angestrebt, nicht als König, und ebenso wenig als Politiker. Jesus hatte nicht vor, das politische Gefüge infrage zu stellen oder einen Umsturz zu initiieren. Ihm war nicht daran gelegen, die Herrschaft zu übernehmen. Jesus gehörte keiner der jüdischen Parteien, den Pharisäern oder den Sadduzäern an; er war weder ein Zelot noch sonst ein Aufständischer. Jesus hatte eine andere Aufgabe. Mit ihm kam Gott in die Welt. In seiner Person brach das Reich Gottes an. Jesus erklärte: „Mein Reich ist nicht von dieser Welt." (Johannes 18,36).

Wer Jesus politisch, und insbesondere parteipolitisch oder zur Sicherung seiner Macht, für sich vereinnahmen will, der vertut sich. Einen politischen Jesus in diesem Sinne gibt es nicht.

Aber: Es wäre ein großes Missverständnis, daraus abzuleiten, dass Jesus sich nicht für den Zustand der Welt interessiert hätte. In der Sache war die Botschaft, die Jesus verkündigt hat, hochpolitisch.

Vor allem die größte zusammenhängende Rede, die uns von Jesus überliefert ist, die Bergpredigt (Matthäus 5–7) lässt sich durchaus – auch – als ein Entwurf für eine Gesellschaftsordnung lesen: Jesus entwirft das Konzept von aktivem Frieden, von Gerechtigkeit und Barmherzigkeit. Jesus betont in der Bergpredigt, dass seine Nachfolger „Salz und Licht" (Matthäus 5,13–15) sein sollen, die ihre Wirkung in die Gesellschaft hinein entfalten.

In der sogenannten „goldenen Regel" fasst Jesus alle Gebote zusammen: „Alles nun, was ihr wollt, dass euch die Leute tun sollen, das tut ihr ihnen auch!" (Matthäus 7,12). Könnte man es deutlicher formulieren? Jesus sagt: Wartet nicht darauf, dass andere euch etwas Gutes tun. Fangt ihr damit an.

Liebe Christen, wenn ihr Jesus nachfolgen und ihn beim Wort nehmen wollt, dann seid aktiv, gestaltet mit, stellt euch an die Spitze, wenn es darum geht, etwas für das Wohl der Menschen und der Gesellschaft zu tun.

Der Auftrag der Christen, und das macht Jesus an vielen Stellen deutlich, ist es, das Evangelium vom Reich Gottes auszubreiten. Das tun wir, indem wir vom „König" dieses Reiches reden: von Jesus, dem Sohn Gottes.

Und wir tun es, indem wir für Gerechtigkeit wirken, indem wir Frieden stiften, und indem wir Freude ausbreiten, also für Lebensqualität einstehen. „Denn das Reich Gottes ist ... Gerechtigkeit und Friede und Freude im Heiligen Geist", schreibt Paulus (Römer 14,17).

Halten wir also fest: Jesus war kein Politiker, aber seine Botschaft vom Reich Gottes ist politisch. Und damit ist Christsein immer politisch. Christsein mischt sich ein. Gerechtigkeit und Frieden entstehen nicht, indem wir uns in unsere gemeindliche Binnenwelt zurückziehen, sondern indem wir Ungerechtigkeiten beim Namen nennen. Indem wir für die Rechte von Benachteiligten kämpfen. Indem wir dahin gehen, wo gestritten wird, um Frieden und Versöhnung zu bewirken. Christen sollen Jesus folgen, der seine Stimme erhoben hat für Frauen und Kinder, für Zöllner und Sünder, für Kranke und Besessene.

Der Prophet Jeremia schreibt an die Juden, die nach Babel verschleppt worden sind:

„Baut Häuser und wohnt darin; pflanzt Gärten und esst ihre Früchte; nehmt euch Frauen und zeugt Söhne und Töchter, nehmt für eure Söhne Frauen und gebt eure Töchter Männern, dass sie Söhne und Töchter gebären; mehrt euch dort, dass ihr nicht weniger werdet. Suchet der Stadt Bestes, dahin ich euch habe wegführen lassen, und betet für sie zum HERRN; denn wenn's ihr wohlgeht, so geht's euch auch wohl." (Jeremia 29,5–7)

Auch das ist hochpolitisch. In der Sache und in der Wortwahl. Der Begriff Politik kommt vom Griechischen: „Polis" und bedeutet „die Stadt". Ein Politiker ist also jemand, der Verantwortung für das Wohlergehen einer Stadt (und eines Landes) übernimmt. Und genau das fordert Jeremia hier von den Juden: baut, sät, erntet, gründet Familien. Kümmert euch, übernehmt Verantwortung. Für die ganze Stadt, nicht nur für euch selbst und eure kleine Gemeinschaft.

Wenn wir heute von Politik sprechen, dann denken wir nicht unbedingt im Sinne Jeremias an Gesellschaftsverantwortung. Wir denken eher an Parteien. Und da gibt es durchaus eine gewisse Verdrossenheit.

Als ich vor einigen Jahren Mitglied einer Partei wurde, um für den Stadtrat in Gera zu kandidieren, habe ich einiges an Kopfschütteln geerntet. „Wie kannst du nur in eine Partei eintreten? Das verstehe ich nicht." Ein Pastor in einer Partei? Darüber kann und muss man freilich diskutieren. Ein Pastor repräsentiert ja nicht nur sich selbst, sondern auch eine Kirche. Und in einer Kirche ist jeder willkommen: egal, welcher Partei er angehört. Ob diese Neutralität noch gegeben ist, wenn die Gemeinde über ihren Pastor mit einer bestimmten politischen Richtung verknüpft wird? Man muss das gut abwägen.

Und dann ist da natürlich die Frage nach den Inhalten? Welche Partei ist die richtige? Ein Freund sagte mir: „Ich könnte niemals ein Parteiprogramm unterschreiben. Wie kann man denn hundertprozentig dahinter stehen?"

Das halte ich für ein Missverständnis. Ein Parteiprogramm ist kein Dogma. Natürlich stimme ich nicht in jedem Punkt dem Programm meiner Partei zu. Und in einer Demokratie muss ich das – Gott sei

Dank! – ja auch nicht. Ich habe mich für die Partei entschieden, in der ich die meisten Übereinstimmungen finde. Mehr nicht.

Als Theologe würde ich sogar behaupten: Keine Partei kann für sich in Anspruch nehmen, eine hundertprozentig richtige (oder gar hundertprozentig christliche) Politik zu machen. Ja, das ist sogar gefährlich. Der Philosoph Karl Popper hat es auf den Punkt gebracht: „Der Versuch, den Himmel auf Erden zu verwirklichen, produziert stets die Hölle." In Gottes neuer Welt wird es einmal der Fall sein, dass wir in einer erlösten, perfekten Welt leben. Vorher nicht. Hier auf Erden bleibt das Reich Gottes der Sauerteig. Hier, auf dieser Erde, in einer gefallenen Schöpfung, sind wird nicht im „Perfekten", sondern im „Unfertigen", nicht im „Ewigen", sondern im „Vorläufigen", nicht im „Letzten", sondern im „Vorletzten", wie Dietrich Bonhoeffer es nannte. Wer etwas anderes verspricht, sei es eine Person oder eine Partei, der lügt.

Vollkommen werden wir das Reich Gottes auf dieser Erde nicht errichten. Und eben darum sagt Jesus, dass sein Reich nicht von dieser Welt sei (Johannes 18,36).

Wie gesagt: Eine zu einhundert Prozent christliche Politik gibt es nicht. Aber es gibt Menschen, die Jesus nachfolgen, und die sein Reich bauen wollen, auch in der Politik. In allen Parteien.

Als Christ werde ich falschen Versprechungen nicht glauben, aber ich will Verantwortung für die Welt übernehmen. Ich will mithelfen, dass das Reich Gottes Gestalt gewinnt.

Dabei sollte auch klar sein: Ein Christ sollte politische Macht nicht um ihrer selbst willen anstreben, sondern mit dem Ziel, den Menschen zu dienen. Jesus sagt deutlich: „Wer groß sein will unter euch, der soll euer Diener sein" (Markus 10,43). Und er beweist zeichenhaft, wie ernst es ihm damit ist, als er seinen Jüngern die Füße wäscht, eine Sklavenarbeit zu seiner Zeit (Johannes 13).

Bei allem gesellschaftspolitischen Einsatz bleibt für Christen doch eine Spannung, mit der sie in der Politik zu tun haben. Im Römerbrief lesen wir (Kapitel 13), dass wir uns in den Staat einfügen sollen („Jedermann sei untertan der Obrigkeit"), während in der Apostelgeschichte (5,29) einem blinden Untertanengehorsam eine klare Grenze gesetzt ist: „Man muss Gott mehr gehorchen als den Menschen", antwortet Petrus als die staatlichen Autoritäten ihm verbieten, von Jesus zu erzählen. Ein Christ ist gehalten, ein „anständiger" Bürger zu sein, der konstruktiv und unterstützend im jeweiligen politischen System aktiv ist. Aber er wird dabei nie seinen Gott und seine Grundwerte verleugnen. „So gebt dem Kaiser, was des Kaisers ist, und Gott, was Gottes ist!" sagt Jesus (Matthäus 22,21).

Jesus starb am Kreuz. Juristisch zu Unrecht. Ausgelöst durch ein politisches Missverständnis. Und doch war das Kreuz genau so gewollt. Es durchkreuzt alle menschlichen Herrschaftsansprüche. Im Philipperbrief lesen wir:

„Ein jeder sehe nicht auf das Seine, sondern auch auf das, was dem andern dient. Seid so unter euch gesinnt, wie es der Gemeinschaft in Christus Jesus entspricht: Er, der in göttlicher Gestalt war, hielt es nicht für einen Raub, Gott gleich zu sein, sondern entäußerte sich selbst und nahm Knechtsgestalt an, ward den Menschen gleich und der Erscheinung nach als Mensch erkannt. Er erniedrigte sich selbst und ward gehorsam bis zum Tode, ja zum Tode am Kreuz. Darum hat ihn auch Gott erhöht und hat ihm den Namen gegeben, der über alle Namen ist, dass in dem Namen Jesu sich beugen sollen aller derer Knie, die im Himmel und auf Erden und unter der Erde sind, und alle Zungen bekennen sollen, dass Jesus Christus der Herr ist, zur Ehre Gottes, des Vaters." (Philipper 2,3–11)

Jesus wird das letzte Wort haben in der Weltgeschichte. Das schenkt ein Urvertrauen, und es setzt eine große Kraft frei. Bis dieser Tag kommt, muss gelten: Christen haben den Auftrag, wie Jesus selbst, schon hier auf dieser Erde das Reich Gottes zu verkünden und sich für Gerechtigkeit und Frieden, für Wohlstand und für Solidarität einzusetzen.

2. „Wer nicht handelt, wird behandelt" – Christen und die Politik

Na, das nenne ich mal einen klare Ansage: „Danke ‚Pokémon Go'!" schrieb Margarete Stokowski in ihrer Kolumne am 19. Juli bei Spiegel Online: „Wir dachten, das Zeitalter der Ideen und Utopien sei vorbei. Jetzt aber geht die Jugend endlich wieder auf die Straße."

Hat sie Recht mit ihrem Zynismus? Lassen sich junge Menschen, wenn überhaupt, dann ausschließlich mit Games in Bewegung setzen, während die Politik und die Träume von einer besseren Welt keine Rolle mehr spielen? Meine beiden Großen (17 und 19 Jahre) protestierten, als ich ihnen das Zitat vorlas. Die Jugend sei nicht unpolitisch, sagen sie unisono. Viele ihrer Freunde haben Interesse an Politik und eine klare Meinung. Die Shell-Jugendstudie von 2015 stützt diese Beobachtung: Das politische Interesse von Jugendlichen in Deutschland ist wieder deutlich gestiegen. 2002 waren es nur 30% der 12- bis 25-jährigen, 2015 dagegen bezeichnen sich 41% als politisch interessiert. Das sind zwei von fünf jungen Menschen. Ein großes Potential. Auch eines für Christen?

Vorbehalte von Christen gegenüber der Politik

Glaube und Politik, so hört man manchmal, schließen sich aus. Das kann mit Bequemlichkeit zu tun haben. Manche Christen haben sich in ihrer geistlichen Komfortzone gemütlich eingerichtet. Mit Tunnelblick steuern sie in Richtung Ewigkeit, was in „der Welt" geschieht: Nebensache.

Für manche klingt Politik auch nach „die da oben", nach „weit weg" und „Was hat das mir zu tun?". Doch Resignation ist keine christliche Tugend. Und wem Berlin zu weit ist, der kann ja gerne vor Ort beginnen. Im Stadtrat meiner Heimatstadt Gera, da würde ich mir schon den ein oder anderen Christen wünschen. Es wäre doch großartig, über Parteigrenzen hinweg für die wichtigsten Anliegen zu beten und Allianzen zu schmieden.

Dann gibt es Menschen, die Politik „eine Hure" nennen oder vom „Haifischbecken" in Berlin sprechen. Man müsse sich verbiegen, sagen sie. Ein christlicher Politiker könne keinen klaren Weg gehen, sondern müsse ständig Kompromisse machen. Stimmt, ohne Kompromisse geht es nicht. Auch Christen leben in der Realität. „Wir machen uns die Welt, wie sie uns gefällt", gibt es leider nur bei Pipi

Langstrumpf oder bei Diktatoren. Politik in der Demokratie braucht Mehrheiten, und die gewinnt man selten mit starren Positionen. Doch verbiegen muss sich niemand. In den Parlamenten herrscht – wenn es wirklich drauf ankommt – Gewissensfreiheit.

Andere Christen haben gute Gründe, der Politik reserviert zu begegnen. Sie haben Verfolgung erlebt. Hinter dem Eisernen Vorhang wurden etliche Christen wegen ihres Glaubens in Gefängnisse und Lager gesteckt: in der Sowjetunion, in Rumänien, in China. Viele haben ihr Leben gelassen. Wen mag es wundern, dass sie bis heute kein Vertrauen zu den Regierenden haben und sich aus der Politik heraushalten? Anderseits: Braucht es nicht gerade dann Christen, die öffentlich für die Interessen ihrer Glaubensgeschwister eintreten?

Und natürlich gibt es auch die unseligen Verquickungen von Politik und Glaube. Denken wir an die Kirche im Mittelalter, oder an das Koppelschloss der Uniform im Zweiten Weltkrieg mit dem Aufdruck „Gott mit uns". Glaube muss sich immer eine kritische Distanz zur Politik bewahren. Aber Heraushalten kann keine Lösung sein.

Was sagt die Bibel zum Thema Politik?

Klar ist: Jesus war kein Politiker. Ja er hat sogar gesagt: „Mein Reich ist nicht von dieser Welt" (Johannes 18,36). Aber es wäre ein großes Missverständnis, daraus abzuleiten, dass Jesus sich nicht für den Zustand der Welt interessiert hätte. Die Bergpredigt (Matthäus 5–7) ist (auch) eine Art Manifest für eine christlich-soziale Gesellschaftsordnung: Frieden, Gerechtigkeit und Barmherzigkeit sind die Themen. Vollkommenen werden wir diese Werte nicht erreichen, das ist klar, und das meint Jesus, wenn er sagt, sein Reich sei nicht von dieser Welt. Aber: Jesus sagt auch, dass Christen „Salz und Licht" sein sollen, dass sie sich – buchstäblich – einmischen sollen, so wie man den Sauerteig in den Teig hineinmischt. „Was ihr wollt, das euch die Leute tun, das tut ihr ihnen zuerst", lautet seine goldene Regel. Christen sollen aktiv sein, ja an der Spitze stehen, wenn es darum geht, Gutes zu tun.

Wenn Christen einen Unterschied machen

Politisches Engagement ist also ein biblischer Gedanke. Und es lohnt sich. Christen können einen Unterschied in der Gesellschaft machen. Dafür gibt es eine Reihe von Beispielen.

Nehmen wir den 9. November 1989: Die Mauer ist gefallen. Deutschlands Teilung wurde überwunden. Begonnen hat diese „friedliche Revolution" in den Kirchen. Es waren Christen, die ihre Gotteshäuser für Friedensgebete geöffnet haben. In der Nikolaikirche in Leipzig mit ihrem Pfarrer Christian Führer hat es begonnen, viele andere Orte sind gefolgt. Mit einer Kerze und einem Liedzettel in der Hand gingen die Menschen auf die Straße – und keine Nationale Volksarmee, keine Staatssicherheit und kein Parteiapparat vermochte sie aufzuhalten. Das war geistlich und hochpolitisch zugleich.

Denken wir an die 1960er Jahre in den USA. Der Baptistenpastor Dr. Martin Luther King führt den gewaltlosen Widerstand der Schwarzen an. Gespeist von der biblischen Überzeugung, dass alle Menschen gleich geschaffen sind, kämpft er gegen den Rassismus. Seine berühmte Rede „I have a dream" ist gespickt mit biblischen Bildern und Zitaten. King selber ist kein gewählter Politiker. Seine Bewegung ist, wenn man so will, eine „außerparlamentarische Opposition". Doch sie ist der Wegbereiter für den 20. Januar 2009, als mit Barack Obama der erste frei gewählte afroamerikanische Präsident ins Weiße Haus einzog. Martin Luther King hat seinen Kampf mit dem Leben bezahlt, doch als Christ wusste er, dass sein Einsatz weit über das eigene Leben hinausgeht.

Oder gehen wir noch ein Jahrhundert zurück. 1807 verabschiedete das Britische Parlament ein Gesetz zur Aufhebung des Sklavenhandels. Zuvor hatte ein und derselbe Abgeordnete diesen Antrag 18 Jahre lang Jahr für Jahr (mit wenigen Pausen) eingebracht. William Wilberforce (1759–1833) war bereits im Alter von 21 Jahren ins britische Unterhaus gewählt worden. Vier Jahre später fand der junge Mann zum Glauben. Er traf ehemalige Sklavenhändler, erkannte die menschenunwürdigen Bedingungen und widmete seit 1787 seine Arbeit dem Kampf gegen die Sklaverei. Erfolgreich. Mit langem Atem. Ein Christ hat hier den Unterschied gemacht und unzählige Leben gerettet.

Politisch aktiv werden – wo und wie?

Politisch aktiv werden, wie fängt das an? Es beginnt im Kopf: indem ich verstehe, dass ich unsere Gesellschaft aktiv mitgestalten kann (und muss). Wer nicht handelt, der wird behandelt.

Eine Demokratie bietet viele Möglichkeiten. Die Mitarbeit in einer Partei ist eine davon. Fast alle Parteien suchen Nachwuchs. Aber auch ein Schülersprecher ist politisch. Ein Mitarbeiter im Stadtjugendring.

Ein Helfer beim Freundeskreis für Flüchtlinge. Ein Teilnehmer an einer Demonstration gegen Rassismus. Ein Mitglied bei Amnesty International. Ein Unterstützer von Open Doors.

Die Möglichkeiten politisch aktiv zu werden sind so vielfältig wie die Menschen selbst. Wichtig dabei ist, dass Christen sich – egal wie die jeweilige Berufung oder konkrete Aufgabe aussieht – von biblischen Werten leiten lassen, nicht von Eigeninteressen. Unser Lebensstil verleiht unseren Worten und Taten die nötige Glaubwürdigkeit. Und eines sollten Christen auf jeden Fall tun: Wählen gehen.

Es wächst eine junge Generation heran, die sich für Politik interessiert, die heute das Morgen gestalten kann. Es wäre großartig, wenn Christen ein wesentlicher Teil davon sind.

3. Für Politiker beten

Es war ein besonderer Moment für mich. Beim Christustag 2017, der an Himmelfahrt im Rahmen des Deutschen Evangelischen Kirchentages stattfand, hatte es eine angeregte Gesprächsrunde gegeben. Einer der Interviewgäste war der damalige Bundesinnenminister Dr. Thomas de Maizière. Nach dem Gespräch wurde den Teilnehmer angeboten, sich segnen zu lassen. Mir kam dabei die Aufgabe zu, für den Minister zu beten, was ich gerne tat. Er beugte sein Haupt, ich legte ihm meine Hände auf die Schultern. Ein kurzer Moment, einige schlichte Worte, ein Segen im Namen des Vaters, des Sohnes und des Heiligen Geistes. Keine große Sache für einen Pastor. Und doch ein Moment mit großer Symbolkraft. Die Präambel des Grundgesetzes der Bundesrepublik Deutschland beginnt mit den Worten: „In Verantwortung vor Gott und den Menschen…" Hier wurde sichtbar, dass es Politiker gibt, die diese Worte auch persönlich ernst nehmen. Gut zu wissen. Und außerdem wurde deutlich: Auch ein Minister braucht den Segen Gottes. Wie jeder andere Mensch.

Wie sehr es Politiker berühren kann, wenn man für sie betet, habe ich bei verschiedenen Gelegenheiten erlebt. Kurz nachdem ich zum Pastor der Evangelisch-Freikirchlichen Gemeinde Gera berufen worden war, besuchten der Gemeindeleiter und ich unseren Landtagsabgeordneten. Er fragte sofort, warum wir gekommen seien. „Um Sie kennen zu lernen und um für Sie zu beten." Das konnte er fast nicht glauben. Wir müssten doch noch ein weiteres Anliegen haben: Eine Beschwerde, oder eine Nachfrage wegen Fördermitteln für die Gemeinde oder etwas Ähnliches. Dass Bürger ihn besuchen, nur um für ihn zu beten, das hatte er noch nie erlebt. Aber er bedankte sich, nannte einige Anliegen – und wir beteten an Ort und Stelle. Aus diesem ersten Besuch ist ein freundschaftlicher Kontakt entstanden, der bis zum Ende seiner politischen Laufbahn erhalten blieb.

Natürlich ist nicht jeder Abgeordnete offen dafür, dass man direkt mit ihm betet. Das ist sein gutes Recht. Denn natürlich darf es nicht sein, dass man Menschen mit dem eigenen Glauben quasi „überfällt". So eine Gelegenheit muss sich ergeben, man muss sie erspüren. Aber ich habe selten erlebt, dass ein Politiker (und übrigens auch kein anderer Mensch) komisch reagiert hat, wenn ich ihm am Ende einer Begegnung Gottes Segen gewünscht oder ihm zugesagt habe, für ihn zu beten. „Ich bin zwar Atheist", antwortete einmal einer mit einem Schmunzeln, „aber schaden kann es sicher nicht."

Im Bundestag gibt es eine bemerkenswerte Gebetsinitiative. An jedem Freitag einer Sitzungswoche findet das Gebetsfrühstück statt. Organisiert wird es von der Stiftung für Grundwerte und Völkerverständigung. Die Einladungen aber sprechen Abgeordnete für andere Abgeordnete aus. Über Parteigrenzen hinweg. Die Teilnehmer stammen aus allen Fraktionen. Sie lesen am Morgen einen Abschnitt aus der Bibel, tauschen sich darüber aus und beten miteinander. Eine geistliche Oase. Mitten im unerbittlichen Bundestagsbetrieb mit seinen politischen Auseinandersetzungen und dem brutalen Tempo, das höchsten Einsatz von den Politikern fordert. Rita Süßmuth, die ehemalige Bundestagpräsidentin, nahm regelmäßig am Gebetsfrühstück teil und schwärmte von dessen Auswirkungen: Man merke am Umgangston in der Debatte, sagte sie, wer von den politischen Kontrahenten morgens beim Gebetsfrühstück gewesen sei.

Gebet spielt im Politikbetrieb also eine Rolle. Doch wie ist es umgekehrt? Welche Rolle spielt die Politik in unserer Fürbitte? Als Christen sind wir aufgefordert, regelmäßig für Politiker zu beten. Die Bibel spricht an verschiedenen Stellen davon, etwa in 1. Timotheus 2,1f: „So ermahne ich nun, dass man vor allen Dingen tue Bitte, Gebet, Fürbitte und Danksagung für alle Menschen, für die Könige und für alle Obrigkeit, damit wir ein ruhiges und stilles Leben führen können in aller Frömmigkeit und Ehrbarkeit." Gebet für die Verantwortungsträger hat Auswirkungen auf alle Bereiche einer Gesellschaft.

Die Deutsche Evangelische Allianz ist seit ihrer Gründung im Jahre 1846 eine Gebetsbewegung. Besonders in einem Wahljahr rufen wir zum Gebet auf.

Gebet hat Kraft, es bewegt den Arm Gottes. Und dieser kann die Herzen der Menschen lenken wie Wasserbäche (vgl. Sprüche 21,1). Wir beten, dass Gott verantwortungsvolle Menschen beruft und sie zu ihrer Aufgabe befähigt.

Gebet bewegt auch die Beter selbst. In einer Zeit, die geprägt ist von „angry politics", wie es im Englischen heißt (Stichwort „Wutbürger"), und in der Verunglimpfungen an der Tagesordnung sind, wollen wir Politiker aller Parteien segnen und ihnen wohlwollend begegnen. Wir beten für eine „Kultur der Wertschätzung" in unserem Land.

Mit Begeisterung nehme ich wahr, dass viele Christen landauf, landab den Auftrag zum Gebet sehr ernst nehmen. Da sind Allianzkreise wie die monatliche Runde von Ruheständlern in Bremen, die regelmäßig in unserem Büro nach Gebetsanliegen fragen. Da sind überkonfessionelle Initiativen wie die Gebetshäuser, die an vielen Orten in Deutschland entstehen. Da sind Gemeindegebetskreise oder auch einzelne, die treu für die Regierung beten.

Ich würde mich freuen, wenn dieses Kapitel dazu beiträgt, dass sich noch weitere Beter dieser Bewegung anschließen. Vielleicht gründen sich Gebetskreise? Dauerhaft oder auch als ein Projekt bis zur nächsten Wahl.

Dazu haben wir einige Gebetsanliegen formuliert, die uns in einem Wahljahr besonders auf dem Herzen liegen:

Wir beten für die Verantwortungsträger in unserem Land. Wir segnen die Wahlkampfkandidaten, damit Gott sie mit Weisheit und Aufrichtigkeit ausstattet.

Wir beten, dass nicht Hass und Wut die Wähler motiviert, sondern dass die Menschen Kandidaten mit wertebasierten Positionen und Integrität unterstützen und für eine konstruktive Stimmung in unserem Land.

Wir beten, dass Gemeinden Gelegenheit finden, die Kandidaten kennen zu lernen, ob durch persönliche Gespräche oder indem sie Diskussionsrunden organisieren.

Wir beten, dass Wähler ihr Wahlrecht ernst nehmen, und dazu ihre Optionen betend durchdenken. Wir rufen Christen auf, einander zu ermutigen, wählen zu gehen.

Wir beten für Frieden in den Monaten und Wochen vor einer Wahl. Terroristen wollen Angst säen und die Grundlagen der Demokratie erschüttern. Wir beten gegen diese zerstörerischen Mächte und bitten um Bewahrung. Wir beten um Weisheit für unsere Regierung, Polizei und Geheimdienste.

Wir beten, dass – bei allem Verständnis für die Sorgen der Menschen – die Stimmen, die den Hass (gegen Flüchtlinge, gegen Juden, gegen die Regierungen) zum Wahlkampfwerkzeug machen, sich nicht durchsetzen.

Wir beten für Deutschland und seine Rolle in Europa und der Welt. In der Wirtschafts-, Finanz-, Flüchtlings- oder Klimapolitik.

Schließen möchte ich mit einem Zitat von Bischof Hans von Keler: „Das Gebet ersetzt keine Tat, aber es ist eine Tat, die durch nichts zu ersetzen ist." In diesem Sinne. Beten wir. Mit Politikern. Und für Politiker.

4. Langweiler oder Leuchtturm?

Die Evangelikalen. Im politischen Berlin denken dabei viele zuerst an die Trump-Unterstützer in den USA. Evangelikal sei gleich WASP (White Anglo-Saxon Protestant: weißer angelsächsischer Protestant). Wenn ich von den schwarzen Evangelikalen erzähle, die mehrheitlich Obama wählten, oder von der Social-Gospel Bewegung, die man eher als linksevangelikal bezeichnen muss, dann ernte ich überraschte Blicke.

Durchaus ähnlich ist es in Deutschland. Evangelikale: Für viele sind das rechts-konservative Christen, etliche von ihnen potentielle AfD-Wähler.

Klischees halten sich hartnäckig. Evangelikale seien Homoheiler, Dämonenaustreiber oder Zwangsbekehrer. Ein Bild, das eine Reihe von Medienberichten vermittelt hat, etwa die vieldiskutierte TV-Dokumentation „Mission unter falscher Flagge".

Für eine SWR Reportage über Evangelikale wurde ich neulich um ein Interview gebeten. Der Redakteur schickte mir einen Fragenkatalog, in dem er manches Vorurteil bediente. Seine Themen: Lebensschutz, Frühsexualisierung von Kindern, Genderfragen, Kreationismus, Sex vor der Ehe, Satan und Besessenheit, Gewalt gegen Kinder, Umgang mit Homosexualität. Kein Wort von Bibelverständnis, Gebetsbewegung, Gottesdiensten, Weltverantwortung. Für ihn (und viele andere) scheinen Evangelikale vor allem ein krude Gruppe mit weltfremder Moral zu sein.

Eher Langweiler als Aufreger: wie wir wirklich sind

Dabei sind wir Evangelikalen – wenn man so will – doch eigentlich eher langweilig. Die meisten Evangelikalen sind fromm und anständig, fleißig und verantwortungsbewusst. Sie besuchen regelmäßig den Gottesdienst, lesen ihre Bibel und engagieren sich ehrenamtlich in der Gemeinde. Sie heiraten, sind einander treu und gründen Familien. Sie zahlen ihre Steuern und beten für die Obrigkeit.

Im Erscheinungsbild dagegen sind Evangelikale ausgesprochen vielfältig. Da ist der schwäbische Pietist, der sächsische Methodist, der charismatische Landeskirchler, der Brüdergemeindler mit Russlanddeutschen Wurzeln – und so viele andere mehr. Diese Vielfalt macht es schwer, von „den" Evangelikalen zu reden. Man kann sie nicht über einen Kamm scheren.

Und ja, es gibt skurrile Typen unter uns, auch unabhängige Gemeinden. Es gibt mache, deren Blick auf einige wenige Themen verengt ist. Sie fühlen sich von den herkömmlichen Parteien nicht mehr repräsentiert. Doch wer von Ausnahmen auf die Regel schließt, zeichnet ein völlig falsches Bild von der Mehrheit der Evangelikalen.

Manche Evangelikale definieren sich über Abgrenzung. Sie sind GEGEN Abtreibung, Ehe für alle, Gendermainstreaming usw. Dabei haben wir das nicht nötig. Neulich traf ich Philipp Amthor. Er ist der jüngste Abgeordnete im Bundestag. Ein streitbarer Konservativer, ein sehr kluger Kopf. Er ist im Osten Deutschlands aufgewachsen, ohne Bezug zur Kirche. Aber er bewundere die Christen, sagte er mir. Und schob eine Erklärung nach: „Wir Konservativen müssen uns immer über Abgrenzung definieren. Für Sie ist es einfacher: Als Christ haben Sie die Bibel und damit stehen Ihre Werte fest. Sie müssen sich von niemandem abgrenzen." Recht hat er.

Die Deutsche Evangelische Allianz (DEA) wird manchmal als „Dachverband der Evangelikalen" bezeichnet. Das ist nicht ganz richtig. Es gibt keine verbindliche Struktur der verschiedenen Gruppen und Gemeinden und kein Kirchenamt, das die Autorität hätte, die schrägen Typen in der evangelikalen Welt zur Ordnung zu rufen.

Die DEA ist vielmehr ein Netzwerk, eine Basisbewegung. Wir werben für ein geistliches Miteinander der verschiedenen Christen. Wir versuchen, möglichst mit *einer* evangelikalen Stimme zu sprechen, und weisen auch auf Missstände hin.

Die DEA ist eine Bibelbewegung, Gottes Wort ist für uns die verlässliche Richtschnur in Glauben und Handeln. Wir richten unsere Werte nach ihr aus, im persönlichen Leben wie in der Politik.

Wir sind eine Jesusbewegung, wir glauben, dass Jesus der einzige Weg zu Gott ist; deshalb laden wir Menschen zu ihm ein, in Wort und Tat, durch Evangelisation und Mission, durch gesellschaftliches Engagement und Übernahme von Weltverantwortung.

Die meisten Evangelikalen teilen diese Überzeugungen und fühlen sich der DEA verbunden.

Leuchttürme: Wo Evangelikale deutlich wahrgenommen werden

Im politischen Berlin werden wir unterschiedlich wahrgenommen. Viele der Abgeordneten haben noch nie von der DEA gehört. Für sie gibt es nur evangelisch oder katholisch. Sie sind überrascht, wenn ich ihnen von der Vielfalt der evangelikalen Christen berichte.

Manche stecken in den gleichen Vorurteilen fest, die ich eingangs erwähnt habe. Ihnen versuche ich das breite Themenspektrum aufzuzeigen, für das wir stehen. Aber klar, wenn jemand jeden Lebensschützer per se in die rechte Ecke stellt, dann kann man nichts machen. Wir werden wegen dieser Etikettierung unsere Positionen nicht aufgeben. Für uns ist jedes Leben heilig, weil jeder Mensch ein Geschöpf Gottes ist. Vor und nach der Geburt, gesund oder behindert.

Andere nehmen uns sehr positiv wahr; sie schätzen unsere Meinung. Bei manchen Themen können wir dadurch auch mal der Leuchtturm für christliche Werte sein.

So war es etwa im Sommer 2017. In der letzten Sitzungswoche hat der Bundestag die Öffnung der Ehe für gleichgeschlechtliche Paare beschlossen. Wir haben dazu eine Stellungnahme herausgegeben. Darin haben wir uns einerseits deutlich gegen jede Form von Diskriminierung von Lesben und Schwulen ausgesprochen. – Und seien wir ehrlich, da haben viele Evangelikale noch einiges zu lernen! – Zugleich haben wir als Christen betont, dass im Grundgesetz Ehe *und* Familie besonders geschützt werden. Kinder entstehen auf natürlichem Wege aus der Vereinigung von Mann und Frau. Ehe und Lebenspartnerschaft sind daher nicht einfach identisch. Es muss der Rechtsgrundsatz gelten, dass Gleiches gleich und Ungleiches ungleich zu behandeln sei. Das ist keine Diskriminierung, sondern eine Differenzierung.

Wir schickten unsere Stellungnahme an die Mitglieder des Deutschen Bundestags (MdB). Die Mehrheit haben wir nicht überzeugen können. Das war auch nicht zu erwarten. Aber für den einen oder anderen war unsere Position ein Leuchtturm. So lud mich Heinrich Zertik spontan in sein Büro ein. Der MdB – selber Russlanddeutscher – war zu dieser Zeit der Beauftragte seiner Partei für Aussiedlerfragen. Er servierte mir Tee und selbstgebackene Plätzchen und bedankte sich ausdrücklich für unsere Stellungnahme. Für die in Wertefragen größtenteils konservativen Rumänien- oder Russlanddeutschen sei es ein wichtiges Signal gewesen, dass sie nicht alleine stehen mit ihren Überzeugungen.

Wurden wir beim Thema „Ehe für alle" eher „rechts" verortet, steckten manche uns beim folgenden Anliegen in die linke Ecke. Bereits 2014 erschien die Broschüre „Flüchtlinge willkommen heißen", herausgegeben vom Arbeitskreis Migration und Integration (AMIN) der DEA gemeinsam mit dem Hilfswerk Orientierung: M. Darin werden biblische Grundlagen dargestellt, praktische Hilfen im Umgang mit Menschen aus anderen Kulturen gegeben und auch Themen wie Asylverfahren oder Taufe erklärt. Als die Flüchtlingszahlen 2015 sprunghaft stiegen, war diese Broschüre vielen Gemeinden und Initiativen eine große Hilfe. Sie musste achtmal nachgedruckt werden und fand Beachtung weit über die evangelikale Szene hinaus. Hier konnten wir ein echter Leuchtturm sein und vielen Menschen Orientierung geben.

Ein drittes Beispiel. Beim Thema Christenverfolgung wird die Meinung der Evangelikalen insgesamt sehr geschätzt. Hier besitzen wir eine große Expertise. Gemeinsam mit anderen geben wir regelmäßig die Jahrbücher „Religionsfreiheit" sowie „Diskriminierung und Verfolgung von Christen" heraus. Jeder Bundestagsabgeordnete bekommt ein Exemplar zugeschickt. Mitherausgeber Prof. Thomas Schirrmacher wird regelmäßig zu Expertengesprächen eingeladen. An der evangelikalen Hochschule in Gießen (FTH) wurde im Frühjahr 2018 der deutschlandweit erste Lehrstuhl für Religionsfreiheit und Erforschung der Christenverfolgung eingerichtet. Zur Einführung von Prof. Christof Sauer kamen hochrangige Vertreter der Politik, die die Vorreiterrolle der Evangelikalen bei diesem Thema betonten.

Werke wie Open Doors, HMK oder AVC erheben ihre Stimme regelmäßig für verfolgte Christen. Als Beauftragter der DEA arbeite ich in verschiedenen Arbeitskreisen des Bundestags zu diesem Thema mit. Dass unsere Stimme Gehör findet, zeigt nicht zuletzt die Einsetzung eines Beauftragten der Bundesregierung für Religionsfreiheit. Wir hatten das seit längerem gefordert. Jetzt stehen wir in gutem Austausch mit Markus Grübel, MdB, der in dieses Amt berufen wurde.

Diese Beispiele zeigen: Mag es auch manches Klischee und auch an der ein oder anderen Stelle berechtigte Kritik an den Evangelikalen geben. Bei machen Themen werden wir sehr ernst genommen. Darum lasst uns mutig zu biblischen Werten stehen in Wort und Tat. Mögen wir uns selber auch mitunter für langweilig halten. Gottes Wort ist und bleibt ein Leuchtturm. Für das eigene Leben – und auch für die Politik.

5. Welche Thesen gehören heute an die Rathaustür?

Martin Luthers Argumentation war theologisch: gegen den Ablass. Darum schlug er seine 95 Thesen an eine Kirchentür. Was hätte er wohl ans Rathaus geheftet?

Ein großes Papier hängt dort bereits: das Grundgesetz der Bundesrepublik Deutschland. Ich bin dankbar, in einem Rechtsstaat zu leben, der uns Freiheit und Verantwortung ermöglicht.

Meine folgenden Gedanken sind ausdrücklich auf dieser Grundlage zu verstehen. Ich beschränke mich auf fünf Thesen:

These eins:
„Da unser Herr und Meister Jesus Christus spricht…" –
Die Bibel gehört ins Rathaus.

Mit diesen Worten beginnt Martin Luther seine Thesen. Sie sind heute nicht weniger aktuell. Eine neue gesellschaftliche Debatte bricht auf. Wir fragen nach der deutschen „Leitkultur", nach der europäischen Identität oder nach dem christlichen Abendland. Eine große Verunsicherung ist zu spüren, ausgelöst etwa durch die Begegnung mit dem Islam. Wir bemerken eine religiöse Sprachlosigkeit. Doch wer unser Land, seine Geschichte und seine Werte verstehen möchte, wer die Wurzeln kennen möchte, die uns tragen, der kommt an Jesus nicht vorbei. Wer Antworten sucht, sollte die Bibel neu lesen lernen. Nicht nur in den Kirchen, auch an den Schulen – und in den Rathäusern.

These zwei:
Nicht meckern, sondern (selber) machen. –
Verantwortung beginnt bei mir.

„Politiker-Bashing" ist Mode. Ein Beispiel: Die Facebookseite „Danke Merkel!!!". Dort werden Fotos veröffentlicht: Danke, Merkel, für das Handspiel von Bastian Schweinsteiger im EM-Halbfinale; danke, Merkel, für den verbrannten Toast beim Frühstück; danke, Merkel, für den verpassten Zug, den überkochenden Milchtopf, die leere Zigarettenschachtel, das Knöllchen am Auto…

Tausende gehen auf die Straße und skandieren wie 1989: „Wir sind das Volk" – und schimpfen auf die „Altparteien" und die „Lügenpresse". Der Unterschied zur Wendezeit? Damals entstanden Runde Tische, neue Parteien, Bürgerinitiativen. Ich muss an das Schild in einem Heilsarmeesaal denken: „Wer sich nützlich macht, hat keine Zeit sich wichtig zu machen." Wir brauchen wieder Menschen, die zupacken, mithelfen, Gesellschaft gestalten. (Nur) so funktioniert die Demokratie.

These drei:
Erst denken, dann posten. –
Für eine Rückkehr zu Gründlichkeit und Wahrheit.

Die sozialen Netzwerke sind Segen und Fluch zugleich. In Sekunden verbreiten sich Nachrichten um die Welt, Falschmeldungen inklusive. So werden Ängste geschürt und Meinungen manipuliert. Wer den Mund aufmacht, sollte erst denken, dann reden. Wer eine Nachricht bekommt, sollte sie erst prüfen, dann teilen. Wenn wir den Populisten und Radikalen nicht auf den Leim gehen wollen, sind Sorgfalt und Wahrheit die Gebote der Stunde. Wir müssen wieder lernen, Fragen zu stellen, zuzuhören, Argumente abzuwägen.

These vier:
Die Welt ist rund. –
Globalisierung kann man und muss man gestalten.

Ein Blick auf die Beschriftung unserer Bekleidung sollte reichen. Wer Turnschuhe aus China trägt und T-Shirts aus Bangladesch, dem müsste klar sein, dass die Welt ein Dorf geworden ist. Deutschland ist die Exportnation Nummer eins. Unser Wohlstand wurzelt in der Globalisierung. Daraus – und aus unserer Geschichte – erwächst Verantwortung. Für ein solidarisches Europa. Für eine faire Weltwirtschaftsordnung. Für die Menschenrechte, für die Freiheit der Meinung, des Gewissens und des Glaubens. Und für den Flüchtling in meiner Nachbarwohnung. Abschottung funktioniert nicht (mehr).

These fünf:
Ein Mensch ist ein Mensch ist ein Mensch. –
Lebensschutz geht alle an.

Wie human eine Gesellschaft ist, zeigt sich im Umgang mit den Schwächsten. Etwa mit Behinderten: Wir sprechen von Inklusion als einem Menschenrecht und unternehmen große Anstrengungen dafür – doch zugleich selektieren wir das Leben vor der Geburt und töten im Mutterleib Kinder, die von einer Behinderung bedroht sind. Oder im Umgang mit alten Menschen: Wir nennen es „Selbstbestimmtheit", sprechen von fehlender „Lebensqualität" und deklarieren das Lebensende als „unwürdiges Leben", dem jederzeit ein Ende gesetzt werden dürfe.

Was macht das mit einer Gesellschaft? Grundgesetz Artikel 1 muss uneingeschränkt gelten: „Die Würde des Menschen ist unantastbar."

6. Wieviel Politik gehört auf die Kanzel?

Ulf Poschadt muss in eine offene Wunde gestochen haben. Sein Tweet zum Heiligen Abend jedenfalls verursachte einen gehörigen Aufruhr. Der Chefredakteur der „Welt" hatte gewittert: „Wer soll eigentlich noch freiwillig in eine Christmette gehen, wenn er am Ende der Predigt denkt, er hat einen Abend bei den #Jusos bzw. der Grünen Jugend verbracht?"

Der Journalist hatte die Christmette der Gemeinde Nikolassee im Südwesten Berlins besucht. Die Predigt von Pfarrer Steffen Reiche war ihm gegen den Strich gegangen. Reiche hatte darin viele politische Themen angesprochen: von den Steuererhöhungen in den USA, über die Verlegung der US-Botschaft nach Jerusalem, über Putin und das Doping im russischen Sport, den Marshallplan bis zum Islam und dem Terror durch den IS. Die Wochenzeitschrift „Christ und Welt" hat die beiden Anfang 2019 interviewt. Sie will damit den Konflikt versachlichen, der sich in hässlichen Retweets immer weiter aufgebauscht und zu üblen Beschimpfungen bis hin zu Nazi-Vergleichen gegenüber Poschadt geführt hat. Eine traurige Wirklichkeit im Zeitalter der sozialen Medien.

Die Debatte selber ist es wert, weiter geführt zu werden. Wieviel Politik gehört auf die Kanzel?

Für mich steht fest: Predigten sind immer politisch. Ein Prediger verkündet das Wort Gottes. Er predigt das Evangelium, die gute Nachricht von Jesus Christus. Er spricht davon, dass Gott in die Welt gekommen ist, und dass damit das Reich Gottes angebrochen ist. Diese Botschaft besitzt Relevanz für das Leben des Einzelnen und der Gemeinschaft. Warum sonst sagen wir sie weiter? Eine Theologie, die sich nur um sich selbst dreht, ist bedeutungslos, sie wird zum geistlichen Elfenbeinturm. Wenn Theologie und Verkündigung aber relevant sind für unser Leben und unser Zusammenleben, dann sind sie natürlich auch politisch. Die zehn Gebote, die Bergpredigt, Jeremia und Amos. Das sind hochpolitische Texte. Es braucht schon einige exegetische Verrenkungen, um Begriffe wie Gerechtigkeit und Friede oder um Werte wie Treue und Ehrlichkeit ihrer politischen Dimension zu entkleiden. Martin Luthers Verkündigung war tief geistlich und hat damit zugleich die Gesellschaft verändert: das machte sie politisch. Eine biblische Predigt bezieht Positionen, und auch das ist immer politisch. Wer – um nur ein Beispiel zu nehmen – heute über die Ehe als gute Ordnung Gottes spricht, ist hochpolitisch, ob er will oder nicht. Insofern kann ich Steffen Reiche zustimmen, wenn er sagt: „Wenn eine Predigt keine Wirkung im politischen Raum hat, dann ist es auch nicht die Botschaft Jesu."

Vorsicht allerdings ist geboten, wenn die Verkündigung zur (verkappten) Parteipolitik wird. Der Prediger hat sich mit Wahlempfehlungen einerseits oder Parteienschelte andererseits bitte vornehm zurückzuhalten.

Suspekt ist mir auch, wenn ein Prediger auf politische Fragen pauschale, vermeintlich biblische Antworten gibt. Bewahrung der Schöpfung? Natürlich. Aber wie? Mit Windkraft oder Kohle? Brauchen wir die Kernenergie: ja oder nein? Meine Bibel sagt dazu nichts. Frieden stiften? Natürlich. Jesus fordert dazu auf. Aber wie? Mit oder ohne Waffen? Das beantworten Christen sehr unterschiedlich – obwohl sie dieselbe Bibel lesen. Als Christ und als Prediger habe ich eine Meinung. Auch eine politische Meinung. So sollte es sein. Das Evangelium ist aber nicht nur eine Meinung. Es ist keine Philosophie und kein Parteiprogramm. Es ist das Wort Gottes. Und das hat sich nicht nach mir zu richten, sondern ich nach ihm.

Was in einer Predigt übrigens gar nichts zu suchen hat sind Beleidigungen. Und da ist Reiche am Heiligabend weit über das Ziel hinausgeschossen: „Aber man muss schon so blöde sein wie dieser Staatsverführer und Trampel (ergänze: Donald Trump), der nicht mal seine Haftcreme für seine x-ten Zähne richtig zu verwenden weiß...". Wer politisch ernstgenommen werden möchte, der sollte Argumente nicht durch Polemik ersetzen.

Und noch eines: Das Evangelium ist mehr als Politik. Das Wort Gottes besitzt eine andere, weit über das gesellschaftliche und politische Tagesgeschäft hinausgehende Dimension. Ulf Poschadt trifft des Pudels Kern, wenn er sagt: „Die unsichtbare Trennwand in der Debatte war eine metaphysische." Mit anderen Worten: Es geht in der Kontroverse nach seinem Tweet nicht nur um die Frage, ob der Prediger Grün oder Rot ist, ob konservativ oder liberal, politisch oder unpolitisch, sondern darum, welche Rolle Gott eigentlich in der Verkündigung spielt. Macht der Prediger ein geistliches Angebot, das über Tagesschau und Spiegel Online hinausgeht? Poschadt erzählt von seinem

Studium bei den Jesuiten. „Die klugen, umfassend gebildeten Patres haben mich schwer beeindruckt. Sie haben mich – etwas philosophisch formuliert – aus meiner transzendentalen Obdachlosigkeit immer wieder befreit."

Das Evangelium spricht vom lebendigen Gott, vom Schöpfer des Himmels und der Erde. Von Jesus Christus, vom Kreuz und von der Auferstehung. Das Evangelium bringt eine Perspektive der Ewigkeit in die Zeit.

Ein Prediger, der das Wort Gottes ohne diese Aspekte verkündigt, der predigt eigentlich gar nicht. Er mag eine kluge Rede halten, aber eben keine Predigt. Die Kanzel ist nicht das Katheder für die Theorien der ideologischen Weltverbesserer, sie ist nicht die Psycho-Couch für Seelenmasseure, nicht das Podium für angesagte Erfolgsrezepte von Promitrainern, und sie ist auch nicht das Pult für politische Reden.

Die Kanzel ist der Ort, an dem das Wort Gottes zu Gehör gebracht wird. Das hat politische Konsequenzen, aber eine Predigt darf sich in der Politik nicht verlieren.

7. Lieblingsthemen

„What do you think about abortion, what is your opinion about same-sex marriage?!?" Die Worte schossen aus dem Mund der Frau wie Pfeile. Ihr Finger bohrte sich in mein Brustbein, ihr Blick fixierte mich unnachgiebig. Ich fühlte mich wie angenagelt. Dabei hatte ich doch nur eine vorsichtige Frage gestellt.

Seit 2002 unterhält unsere Kirchgemeinde in Gera eine verbindliche Partnerschaft mit einer Baptistengemeinde in Rostov am Don (Russland). Wir besuchen uns gegenseitig, lernen viel voneinander, und die Geraer Gemeinde unterstützt mit Spenden die wohltätige Arbeit der Christen in Russland. Sie arbeiten unter Straßenkindern, besuchen AIDS-kranke Frauen im Gefängnis, gestalten Ferienprogramme für Flüchtlingsfamilien aus Tschetschenien, oder engagieren sich für ihr Gemeinwesen: In einer Sommeraktion renovierten sie einen städtischen Spielplatz in Rostov. Ein Jahr später halfen sie uns bei einem ähnlichen Projekt in Gera.

Unsere Freunde sind theologisch und ethisch stockkonservativ. Frauen tragen Kopftuch im Gottesdienst. Christen rauchen nicht, trinken nicht, besuchen keine weltlichen Veranstaltungen. Wir dagegen sind in der Lebensgestaltung eher liberal. Das war nie ein Problem in der Partnerschaft. Wir glauben uns gegenseitig unseren Glauben – und machen uns stark für sozial-diakonische Projekte.

Die Partnerschaft lebt. Und doch hatte ich seit Jahren einen Traum. Wäre es nicht schön, noch einen dritten Partner zu haben? Eine amerikanische Gemeinde mit ins Boot zu holen und dann gemeinsam Projekte anzuschieben? In Gera, der kleinen Großstadt im Osten Thüringens, wäre das doch ein deutliches Zeichen der Versöhnung: Russen, Amerikaner und Deutsche setzen ein Zeichen für den Frieden, sieben Jahrzehnte nach dem zweiten Weltkrieg, ein Vierteljahrhundert nach dem Ende des Kalten Krieges. Ehemals verfeindete Nationen arbeiten für den Frieden. Als Christen. Was für ein starkes Symbol!

Jahrelang hatte ich nach einer Gelegenheit Ausschau gehalten, einen US-Partner zu finden. Nichts Greifbares hatte sich ergeben. Nun schien meine Gelegenheit gekommen zu sein. Ich war Teil einer Delegation meiner Heimatstadt zu einem Partnerschaftsbesuch in den USA. Fort Wayne (Indiana) ist eine Partnerstadt von Gera. Ebenso wie

Rostov am Don. Uns lag das als Gemeinde am Herzen: die kirchliche Partnerschaft mit der städtischen Partnerschaft zu verknüpfen. Das gibt dem Projekt einen Horizont mit größerer gesellschaftlicher Relevanz, fanden wir.

Der Besuch war herzlich. Wir wurden fantastisch empfangen. „Sister cities" stehen in den USA hoch im Kurs. Ein folkloristisches Chorensemble hatte extra für uns ein deutsches Lied einstudiert: „Musidenn musidennn zoom städdele hinaaauuus". Empfänge, Kulturveranstaltungen, Stadtführungen – ein buntes Programm wurde uns geboten. Bei jeder Gelegenheit erzählte ich von meinem Anliegen, immer wieder fragte ich nach Kirchen. Endlich fand ich Gehör. Man stellte mir die Frau des Pastors einer der örtlichen Baptistengemeinden vor. Hocherfreut schilderte ich ihr mein Anliegen. Doch ich hatte kaum geendet, da schoss ihr Zeigefinger auf mich zu: „Was denkst du über Abtreibung, wie ist deine Meinung zur gleichgeschlechtlichen Ehe?!?"

Zu perplex um zu antworten, murmelte ich eine Höflichkeitsfloskel und befreite mich so schnell es ging aus ihrem verbalen Kugelhagel.

Was war das denn? Ich hatte von Frieden erzählt, von Projekten für das Gemeinwohl, von einem gemeinsamen Zeugnis als Christen. Und sie hatte mich einem „Quick-Scan" unterzogen, einem Schnellcheck auf Rechtgläubigkeit. Ich fühlte mich grottig: unverstanden, abgelehnt, angeprangert. Und ich verlor den Mut. In diesen Tagen in Fort Wayne fand ich einige Freunde, aber keine Partnergemeinde.

Um nicht missverstanden zu werden: Es geht mir hier nicht um Antiamerikanismus. Mir ist das Erlebnis in anderer Weise beispielhaft. Immer wieder treffe ich Christen, die das Christsein auf einige wenige Themen reduzieren. Sexualethik ist da besonders beliebt.

Wie kommt das nur?

Lebensschutz steht auch bei mir hoch im Kurs. Und die Ehe zwischen Mann und Frau halte ich für eine schützenswerte Institution. Ich bin durchaus wertkonservativ.

Aber sind das wirklich die Nummer Eins Themen eines Christen? Sind Einsatz gegen Abtreibung und die gleichgeschlechtliche Lebenspartnerschaft die Maßeinheiten für einen gesunden geistlichen Blutdruck? Könnte das nicht auch Gerechtigkeit sein? Und Frieden? Und Menschenrechte? Und eine Stimme für alle Armen und Unterdrückten? Ist nicht der Kampf gegen die Diskriminierung von Lesben und Schwulen ebenso eine christliche Tugend wie der Einsatz für Ehe und

Familie? Sind nicht Straßensozialarbeit unter Teenagern und vertrauensvolle Familienhilfe die eigentliche Präventionsarbeit gegen Abtreibung? Wo sind wir Christen da?

Mittlerweile haben wir den dritten Partner im Boot, eine presbyterianische Kirche aus Cross Roads / Virginia. Ebenfalls konservativ. Ziemlich konservativ, und zugleich einem höheren Ziel verpflichtet: der Völkerverständigung. Wir arbeiten gemeinsam für den Frieden.

8. Christen wählen Christus – Wo Politik an ihre Grenzen stößt

Manchmal ist der Zeitpunkt um eine politische Kolumne in einer Quartalszeitschrift zu schreiben etwas unglücklich. Das Dilemma in diesem Fall: Der Artikel musste vor der Bundestagswahl 2017 geschrieben, konnte aber erst danach gedruckt werden. Angela Merkel oder Martin Schulz werden sich wohl in Koalitionsverhandlungen befinden. Wer regiert mit wem? Welche Inhalte werden vereinbart werden? Welche Auswirkungen könnte das auf die Zukunft Deutschlands haben? Da gäbe es manches Spannende zu kommentieren. Der Abgabetermin für diesen Artikel lag aber einige Wochen vor der Wahl. Nun denn, das ist immerhin eine Gelegenheit einige grundsätzliche Gedanken zum Thema „Christ und Politik" zu formulieren, die mir seit Monaten durch den Kopf gehen.

Eine Anleihe dafür möchte ich bei Goethe und seiner „Gretchenfrage" nehmen. Was würde Gretchen heute fragen? „Nun sag, wie hast du's mit…" Der CDU? Der SPD? Den Bündnisgrünen? Der Linken? Der FDP? Der AfD? Wie hast du's mit der inneren Sicherheit? Mit der Flüchtlingspolitik? Dem Islam? Mit der Familienpolitik? Mit der Ehe für alle? Mit dem Klimawandel? Mit sozialer Gerechtigkeit? Mit Vollbeschäftigung? Mit Elektromobilität? Mit der Bildung? Mit Donald Trump? Mit Erdogan? Dem Euro?

Gretchens tatsächliche Frage heißt: „Nun sag, wie hast du's mit der Religion." Und manchmal bekommt man das Gefühl, dass die Antwort auf politische Fragen heute quasireligiös daher kommt. Christen sprechen einander den Glauben ab, wenn sie zu unterschiedlichen politischen Einschätzungen kommen. Theologisch gesprochen: Christen bemühen den „status confessionis", den Bekenntnisstand, um sich voneinander abzugrenzen. Doch ab wann ist eine politische Frage tatsächlich eine Frage des Bekenntnisses? Werfen wir einen Blick in die Geschichte. Die Barmer theologische Erklärung, verfasst 1934 unter Federführung von Karl Barth als Antwort auf die von den Nazis gleichgeschalteten „Deutschen Christen" wurde zur Grundlage der „Bekennenden Kirche". Darin heißt es:

> „Jesus Christus, wie er uns in der Heiligen Schrift bezeugt wird, ist das eine Wort Gottes, das wir zu hören, dem wir im Leben und im Sterben zu vertrauen und zu gehorchen haben.
> Wir verwerfen die falsche Lehre, als könne und müsse die Kirche als Quelle ihrer Verkündigung außer und neben diesem einen Worte Gottes auch noch andere Ereignisse und Mächte, Gestalten und Wahrheiten als Gottes Offenbarung anerkennen."

Und weiter:

> „Die christliche Kirche ist die Gemeinde von Brüdern, in der Jesus Christus in Wort und Sakrament durch den Heiligen Geist als der Herr gegenwärtig handelt. Sie hat mit ihrem Glauben wie mit ihrem Gehorsam, mit ihrer Botschaft wie mit ihrer Ordnung mitten in der Welt der Sünde als die Kirche der begnadigten Sünder zu bezeugen, dass sie allein sein Eigentum ist, allein von seinem Trost und von seiner Weisung in Erwartung seiner Erscheinung lebt und leben möchte.
> Wir verwerfen die falsche Lehre, als dürfe die Kirche die Gestalt ihrer Botschaft und ihrer Ordnung ihrem Belieben oder dem Wechsel der jeweils herrschenden weltanschaulichen und politischen Überzeugungen überlassen."

Man höre besonders den ersten und letzten hier zitierten Satz: Jesus Christus ist das „eine Wort Gottes", keine andere Quelle wird als „Gottes Offenbarung" anerkannt, und die Botschaft der Kirche habe unabhängig zu sein vom „Belieben oder dem Wechsel der jeweils herrschenden weltanschaulichen und politischen Überzeugungen".

Wenn Gretchen also heute fragen müsste, um herauszufinden, wie es um den Glauben – nicht nur – des Dr. Faustus bestellt ist, dann würde sie das hoffentlich nicht auf Personen oder Parteien oder unterschiedliche Meinungen beziehen. Denn diese Themen sind allesamt politischer Natur, nicht geistlicher. Und Christen tun nicht nur in Wahlkampfzeiten gut daran, das nicht zu vergessen. Christ bin ich wegen Christus. Er hat mich angenommen, ich habe ja zu ihm gesagt. Christen wählen Christus. Das, und nur das, ist die Basis unseres Glaubens. Nicht das Sakramentsverständnis, nicht unsere Dogmatik, ja nicht einmal unsere Ethik. Und schon gar nicht unsere politische Meinung.

Parteien vertreten Positionen. Manche davon überzeugen mich, andere tun es nicht – überzeugen aber einen anderen. Darüber kann man diskutieren und streiten, und das ist gut so, denn es ist das Wesen einer Demokratie.

Aber Bekenntnisfragen sind es solange nicht, wie sie uns nicht zwingen, unseren Glauben zu verleugnen oder gegen unseren Glauben zu handeln oder einen quasi göttlichen Anspruch eines Herrschers zu dulden. Christen sollten Position beziehen. Auch politisch. Und wann immer sie Gottes Gebote verletzt sehen oder menschenfeindlich handelt wird, werden sie – hoffentlich – deutlich widersprechen.

Wer allerdings anderen den Glauben abspricht, weil sie politisch anders ticken als er selber, der hat weder das Wesen der Politik in einer Demokratie, noch das der Religion verstanden.

In diesem Sinne: Bleiben wir politisch aktiv, offen für die Argumente der anderen und – jenseits der politischen Überzeugung – unseres Glaubens gewiss.

Teil 2
Gerechtigkeit und Freiheit

9. „Die Ungerechtigkeit der Demokratie"

Es gibt da diese wunderbare Karikatur von Werner „Tiki" Küstenmacher: Ein Elefant, ein Vogel, ein Schimpanse, ein Goldfisch im Glas, eine Schnecke und ein Seehund stehen neben einem Mann an einem Lehrerpult. Der Mann zeigt mit der Hand auf einen Baum und sagt: „Damit es gerecht zugeht, erhalten Sie alle die gleiche Prüfungsaufgabe: Klettern Sie auf diesen Baum!"

Das erklärt sich selbst. Sofort leuchtet uns der Widersinn dieser Aufgabe ein. Was, bitte schön, soll daran gerecht sein, die gleiche Aufgabe zu bekommen, wenn doch alle Prüflinge ganz andere Voraussetzungen und Fähigkeiten mitbringen? Küstenmacher führt uns sehr eindrücklich vor Augen, dass das Prinzip „jedem das gleiche" mitunter sehr ungerecht sein kann.

Und doch: Im „gefühlten" Alltag verwechseln wir Gleichheit und Gerechtigkeit oft miteinander. Das fängt schon am Küchentisch an. Wer kennt sie nicht, die Klage: „Papa, das ist aber ungerecht!", wenn ein Vater seine Kinder so behandelt, wie es ihrem jeweiligen Alter entspricht – und damit unterschiedlich.

Unsere Wahrnehmung von Politik ist nicht viel anders. Beispiel gefällig? Die Rente. Regelmäßig wird die Ungleichheit zwischen Ost und West beklagt. Übrigens ist es aus Ostperspektive die niedrigere Bewertung der Rentenpunkte und mit dem Westblick die hohe Gesamtrente für Ehepaare, die beide einer Erwerbsarbeit nachgegangen sind. Wie kann das gerecht sein? Objektiv muss man sagen, dass die Mammutaufgabe, zwei völlig unterschiedliche Rentensysteme zusammenzuführen, in weiten Teilen erstaunlich gut gelungen ist. Aber eben: Ungleichheit fühlt sich an wie Ungerechtigkeit. Das ist eine Spannung, die die Politik nur ansatzweise auflösen kann.

Schon Aristoteles hat das erkannt. In seiner Ethik hat er eine Unterscheidung eingeführt. Aristoteles spricht von „austeilender" und „zuteilender" Gerechtigkeit. Die austeilende Gerechtigkeit gibt jedem das Gleiche, die zuteilende Gerechtigkeit jedem das Angemessene. Beide Formen der Gerechtigkeit haben in bestimmten Kontexten ihre Berechtigung. Gleicher Lohn für gleiche Arbeit. Das leuchtet ein. Gleicher Lohn für kürzere Arbeitszeit oder weniger Leistung? Das löste schon bei den Arbeitern im Weinberg, die Jesus in einem Gleichnis erwähnt, erhebliches Murren aus.

Für den Staat entsteht dadurch ein Dilemma. Es gibt gesellschaftliche Bereiche, in denen alle Menschen gleich behandelt werden müssen. Etwa, indem der Sozialstaat das Existenzminimum oder eine medizinische Grundversorgung garantiert. In anderen Bereichen dagegen führt Gleichheit zu Ungerechtigkeit. Regelmäßig muss der Staat ein bestimmtes Problem einer bestimmten Gruppe in einer bestimmten Situation lösen, da kommt er mit der Gießkanne nicht weiter – wohl wissend, dass in der Folge neue (gefühlte) Ungerechtigkeiten entstehen können.

Vor dem Gesetz sind alle Menschen gleich. Das ist das leitende Prinzip in einem Rechtsstaat. Jeder Mensch besitzt die gleiche ihm angeborene Würde. Der Staat hat diese unterschiedslos zu schützen, ohne dabei auf Geschlecht, ethnische Herkunft, politische Gesinnung, sexuelle Orientierung oder Religion zu achten. So sagt es die Allgemeine Erklärung der Menschenrechte, und so steht es im Grundgesetz der Bundesrepublik Deutschland. Diese Gleichheit entspricht zutiefst dem Wesen einer Demokratie.

Doch auch vor dem Gesetz bleibt das Dilemma bestehen: nicht jede Gleichbehandlung führt zu Gerechtigkeit. Die Rechtsprechung hat vielmehr dem Grundsatz zu folgen, dass „Gleiches gleich und Ungleiches ungleich zu behandeln" sei. So kann ein Tötungsdelikt einmal fahrlässige Tötung, einmal Totschlag, ein anderes Mal Mord sein. Wer ein gerechtes Urteil sprechen will, muss die Motive und die Umstände klären.

Manches mag also gleich erscheinen und kann doch seinem Wesen nach ungleich sein. Nehmen wir ein aktuelles, hochsensibles und emotionales Thema. Ist eine Ehe zwischen Mann und Frau das gleiche wie eine Ehe zwischen zwei gleichgeschlechtlichen Partnern? Ich denke nicht. Warum? In beiden Konstellationen übernehmen Menschen füreinander Verantwortung. Das ist aus staatlicher Sicht schützenswert. Und doch gibt es einen wesentlichen Unterschied: Nur aus einer Verbindung von einem Mann und einer Frau kann auf natürlichem Weg ein Kind entstehen. „Ehe und Familie" stehen daher nach dem Grundgesetz unter dem besonderen Schutz der staatlichen Ordnung.

Dass es heute vielfältige Familienkonstellationen gibt, setzt diese „Keimzelle" der Gesellschaft keineswegs außer Kraft. In mehreren Urteilen hat das Bundesverfassungsgericht daher die Ehe zwischen Mann und Frau von der Lebenspartnerschaft zwischen gleichgeschlechtlichen Paaren unterschieden. Dabei ging es nicht um Diskriminierung, wie immer wieder behauptet wird, sondern um Differenzierung – eben nach dem erwähnten Grundsatz, dass Ungleiches ungleich zu behandeln sei.

Um es noch ein bisschen komplizierter zu machen: Manchmal kann eine vorübergehende Ungleichbehandlung nötig sein, in welcher die Politik eine Gruppe privilegiert, um langfristig Gleichheit herzustellen. Auch hierzu ein Beispiel: Weil Frauen in vielen Ämtern und Berufen unterrepräsentiert sind, wurden Frauenquoten eingeführt. Entsprechend werden bis zum Erreichen dieser Quoten Frauen bevorzugt eingestellt, und das ist eine tatsächliche und offensichtliche Ungleichbehandlung der Männer. Allerdings dient sie dem größeren Ziel, die Gleichheit zwischen Männern und Frauen herzustellen.

Ziehen wir ein erstes Zwischenfazit: Gerechtigkeit und Gleichheit sind nicht dasselbe. Gerade um gerecht zu handeln, kann und muss ein Staat Gleiches gleich und Ungleiches ungleich behandeln.

Trotzdem kann sich auch eine angemessene Ungleichbehandlung subjektiv sehr ungerecht anfühlen. Das werden die Frau, die nicht eingestellt wurde, weil sie eine Frau ist, und der Mann, der wegen der Quote keine Chance hatte, bestätigen.

Das aristotelische Modell reicht nicht aus, um dieses Dilemma aufzulösen. Andere Philosophen und Staatstheoretiker haben sich deshalb daran gemacht, Gerechtigkeit anders zu denken. Einen wichtigen Ansatz liefert John Rawls in seinem Buch „Eine Theorie der Gerechtigkeit". Rawls beschreibt Gerechtigkeit als „Fairness". Am besten wohl mit „Chancengleichheit" zu übersetzen. Heute ist das längst ein leitendes Motiv in Politik.

Allerdings sehen wir auch bei diesem Thema, dass der Staat an seine Grenzen kommt. Wie stellt man Chancengleichheit her? Indem jeder Schüler die gleiche Schulart besucht? Doch wird das den Begabungen und Schwächen der Schüler gerecht? Unser sehr ausdifferenziertes Bildungssystem versucht, Menschen individuell zu fördern. Das ist angemessen, verursacht aber auch neue Ungleichheiten: zwischen Mittelschülern und Abiturienten, Arbeitern und Akademikern.

Dabei sind weitere Faktoren noch gar nicht berücksichtigt: Migrationshintergrund oder familiärer Bildungsstand. Politik muss die Probleme und Ungerechtigkeiten identifizieren und Lösungsvorschläge vorlegen. Aber Gerechtigkeit kann sie immer nur annähernd erreichen. Auch dazu ein Beispiel: Wenn die Politik eine Kindergarten- oder Vorschulpflicht einführt, erhöht das die Chancen von Kindern aus bildungsfernen Familien oder von Migranten. Für andere Familien dagegen ist es eine Einschränkung ihrer Freiheit, für die auch im Interesse der Kinder keine Notwendigkeit besteht.

Diese Beispiele zeigen: Da Politik für alle gemacht werden muss, ist es schwer, punktgenaue Angebote zu entwickeln. Für die Bürger ist das in unserem Land eine große Chance. In Deutschland besteht das sogenannte Subsidiaritätsprinzip. Danach muss der Staat freie Träger fördern. Es besteht also die Möglichkeit, Kindergärten und Schulen in freier Trägerschaft zu gründen. Das führt zu einer großen Vielfalt in der Bildungslandschaft und erhöht dadurch die Chancengleichheit deutlich. Für Christen, als Bürger in dieser Demokratie, sind das großartige Möglichkeiten, die auch vielerorts genutzt werden. Christliche Kindergärten entstehen, Bekenntnisschulen werden gegründet. Gerechtigkeit heißt in diesem Fall, dass der Staat den Raum anbietet, den die Zivilgesellschaft füllen kann – den sie aber auch füllen muss.

Ein Schlussgedanke: Vor vielen Jahren habe ich meinen Zivildienst absolviert. Zu Beginn besuchten wir ein Einführungsseminar. Zwischendrin war Zeit für Fragen. Ein junger Mann hob den Finger: „Warum müssen wir eigentlich 20 Monate Dienst leisten? Die Jungs bei der Bundeswehr kommen deutlich kürzer davon. Das ist doch ungerecht." Der Dozent verzog den Mund zu einem süffisanten Lächeln. „Danke für ihre Frage", antwortete er, „das gibt mir die Gelegenheit, Ihnen eine Weisheit mitzugeben, von der Sie ihr ganzes Leben lang profitieren werden." Er legte eine Kunstpause ein und sagte dann: „Trennen Sie sich bitte von der Vorstellung, dass das Leben gerecht sei."

Damals hielt ich das für ziemlich resignativ. Heute, dreißig Jahre später, habe ich einiges über Gerechtigkeit gelernt. Nein, das Leben ist nicht gerecht, wenn es verlangt, dass ein Elefant, ein Vogel, ein Schimpanse, ein Goldfisch, eine Schnecke und ein Seehund auf einen Baum klettern sollen.

Für alle das Gleiche ist nicht für jeden dasselbe. Politische Gleichmacherei führt eher zu neuen Ungerechtigkeiten. Aber eine Gerechtigkeit, die Menschen gleichwertig behandelt und ihnen individuelle Chancen ermöglicht, so eine Gerechtigkeit ist ein lohnendes Ziel. Machen wir uns auf den Weg, viele Türen sind offen. Politisch und persönlich.

10. Das ist ungerecht!

Gerechtigkeit: ein großes Wort, das erstaunlich oft gebraucht wird. In vielen Parteiprogrammen findet es sich. Und in vielen Zuschriften an Politiker ebenfalls. Dort allerdings meistens als Forderung: „Schaffen Sie – mir! – endlich Gerechtigkeit!" Am häufigsten kommt es in der Negativform: „Das ist ungerecht!"

Jeder Politiker (und jeder andere Verantwortungsträger in Firmen, Vereinen oder Kirchgemeinden) bekommt es zu hören. Wer Entscheidungen treffen muss, kann ein Lied davon singen.

In der vergangenen Legislaturperiode arbeitete der Abgeordnete, für den ich tätig war, im Ausschuss für „Arbeit und Soziales." In unser Tätigkeitsfeld gehörte das Thema „Rente". Bis heute erhalten wir viele Briefe und E-Mails. Die meisten davon haben den gleichen Tenor: „Das ist ungerecht!"

Anfang 2014 wurde die „Rente mit 63" beschlossen. Sie zielt darauf, Menschen, die 43 Jahre gearbeitet und Beiträge gezahlt haben, gerechter zu behandeln.

Prompt schreibt eine Frau: „Sehr geehrter Herr Abgeordneter, ich bin Jahrgang 1949 und bin mit 60 Jahren in die Altersrente gegangen. Deswegen werden 18% Abschlag fällig. Ich war nie arbeitslos. Finden Sie diese Lösung angesichts des neuen Gesetzes ‚Rente mit 63' gerecht? Ich bin der Meinung, dass mir die Altersrente nur um 2 Jahre, also um 7,2% gekürzt werden dürfte."

Zeitgleich wurde die sogenannte Mütterrente eingeführt. Frauen, die vor 1992 Kinder bekommen haben, werden längere Erziehungszeiten anerkannt. Ist das gerecht?

Ein junger Mann meint dazu:

„Hallo Herr Abgeordneter, ihre Partei und ihr Koalitionspartner bemühen sehr oft das Wort Gerechtigkeit. Halten Sie es für gerecht, das ein großer Teil der Arbeitnehmer um seine verdiente Rentenbeitragssenkung betrogen wurde um das Wahlgeschenk „Mütterrente" zu finanzieren?

Halten Sie es für gerecht, das die jetzt unter 50-jährigen in absehbarer Zeit mit stetig sinkenden Rentenzahlungen aber stetig erhöhenden Rentenbeitragen rechnen müssen?"

Ich könnte eine ganze Reihe weiterer Briefe anfügen. Fast immer, wenn sich jemand zu Wort meldet, beklagt er (oder sie) jeweils *die eigene* Rentensituation. Warum sind die Ost- und die Westrenten noch nicht angeglichen? Warum erhalten SED-Funktionäre mehr als StaSi-Opfer? Warum zahlen Beamte keine Rentenbeiträge? Und so weiter und so fort.

Natürlich will und soll ich hier nicht über die Rente diskutieren. Auch nicht über Parteien und ihre Programme. Schon gar soll es mir nicht darum gehen, Entscheidungen der einen oder anderen Regierungskoalition zu bewerten.

Es geht mir um Gerechtigkeit, oder besser gesagt um die merkwürdige Eigenschaft von Menschen, sich selber nur allzu schnell ungerecht behandelt zu fühlen.

Deshalb ein zweites Beispiel: Vor kurzem hielt ich im Stadtrat meiner Heimatstadt Gera eine Rede zur Sanierung eines bestimmten Gymnasiums. Das Schulhaus ist baufällig, die Aula ist gesperrt, Fenster lösen sich aus Verankerungen, beim Brandschutz müssen anderthalb Augen zugedrückt werden, um den Betrieb aufrecht zu erhalten. Unsere Stadt habe zwar eigentlich keine finanziellen Spielräume, aber für dieses Dilemma müsse einfach Geld in die Hand genommen werden, forderte ich.

Wie haben die werten Kollegen der anderen Parteien reagiert? Na klar: das sei ungerecht. Auch Gymnasium X und Regelschule Y bräuchten dringend Geld…

Das erinnert ein wenig an die berühmte Geschichte von den beiden Hemden, die Paul Watzlawik in seinem Buch „Anleitung zum Unglücklichsein" beschreibt: Eine Mutter schenkt ihrem Sohn zwei Hemden. Ein rotes und ein grünes. Er zieht das grüne an, worauf die Mutter sagt: „Ach, und das rote gefällt dir nicht?" Der arme Bengel hatte keine Chance, es richtig zu machen.

Wenn man unter Gerechtigkeit versteht, es allen recht machen zu wollen, ist sie eine Illusion. Gerechtigkeit ist ein Verhältnisbegriff, man kann sich ihr immer nur annähern. Die Lebenslagen von Menschen sind viel zu komplex, als dass man sie vergleichen kann. Bestenfalls lassen sich grobe Ungerechtigkeiten beseitigen. Und darin sind wir in Deutschland mit dem Sozialstaatsprinzip ganz gut – ein kurzer Blick über den Globus reicht, um das festzustellen. Der gleiche Blick zeigt übrigens auch, wie viel es für andere noch zu tun gibt.

In einer alten Legende wird erzählt: Zwei Mönche liegen miteinander im Streit. Sie können sich einfach nicht einigen, denn jeder von beiden fühlt sich im Recht. Schließlich tragen sie dem Abt ihre Sache vor und bitten ihn, den Streit zu schlichten und für Gerechtigkeit zu sorgen. Der Abt möchte eine Nacht Bedenkzeit. Am nächsten Morgen gibt er den beiden Mönchen seine Antwort:

„Ihr wollt Gerechtigkeit? Gerechtigkeit gibt es nur in der Hölle, im Himmel regiert die Barmherzigkeit – und auf Erden gibt es das Kreuz!"

Das eigene „Kreuz" tragen und zugleich für eine gerechtere Welt arbeiten: Das scheint mir im Sinne der Bergpredigt ein guter Ansatz zu sein. Jesus spricht nicht diejenigen selig, die sich ungerecht behandelt fühlen, sondern „die da hungern und dürsten nach Gerechtigkeit."

11. Armutsschere

Vor kurzem war ich in Lima. Ich durfte Sozialarbeiter in die Slums begleiten. Hunderttausende Menschen leben auf kargen Felsen. In Verschlägen aus Brettern, Blech, Plastik und Strohmatten. Ohne fließend Wasser oder Abwasser. Ohne Arbeit. Ohne Sozialhilfe. Viele Kinder sind mangelernährt. Die Menschen betäuben sich mit Brei aus der Kokapflanze. So sieht Armut aus. Die Weltbank spricht von „absoluter" oder „extremer Armut", wenn das Einkommen für eine Person weniger als 1,25 US-Dollar am Tag beträgt. Anders gesagt: Wenn das Geld nicht zum Überleben reicht. Je nach Schätzungen leben bis zu einer Milliarde Menschen in extremer Armut.

Mutet es da nicht zynisch an, in einem reichen Land wie Deutschland von Armut zu sprechen? Mag sein. Aber es kann genauso zynisch sein, die Probleme in einem wohlhabenden Land mit Blick auf die extrem Armen wegzuwischen und unsichere Lebenslagen in Deutschland zu ignorieren. Hier muss wohl eher das Jesus-Wort aus Matthäus 23,23 gelten, dass „man dies tun sollte und jenes nicht lassen".

In unseren Breiten spricht man von „relativer Armut", wenn Menschen materiell und sozial deutlich schlechtere Chancen haben als andere. Wer weniger als 60% des Durchschnittseinkommens verdient, gilt als „von Armut bedroht", wer weniger als die Hälfte bekommt, als „relativ arm". 2015 lag die Armutsschwelle für eine alleinlebende Person bei 1.033 Euro im Monat.

Allerdings steigt die Armutsgrenze mit dem allgemeinen Wohlstand. Die Prozentzahl sagt daher wenig über die tatsächlichen Chancen eines Menschen aus. Nach dieser Definition wäre unsere Familie lange Zeit arm gewesen. Von meinem Gehalt als Baptistenpastor lebten sieben Personen. Ich muss an den alten Gemeindescherz denken: „Herr, halte deinen Diener demütig, arm halten wir ihn schon selber." Doch das Geld hat immer gereicht, wir konnten bescheiden, aber anständig leben. Viele Gemeindeglieder mussten mit weniger auskommen.

„Relative Armut" ist also kein besonders gutes Kriterium, um die soziale Gerechtigkeit innerhalb einer Gesellschaft zu beschreiben.

Um nicht missverstanden zu werden: Auch in Deutschland leben nicht wenige Menschen in wirklich prekären Lebenssituationen: 4,4%

der Bevölkerung waren im Jahr 2015 von erheblicher materieller Entbehrung betroffen (immerhin weniger als noch 2014, da waren es 5,0%). Sie waren nicht in der Lage, ihre Rechnungen für Miete, Hypotheken oder Versorgungsleistungen zu bezahlen, ihre Wohnungen angemessen zu beheizen oder eine einwöchige Urlaubsreise zu finanzieren.

Ein anderer Indikator für soziale Gerechtigkeit ist die Entwicklung der Einkommen. Spätestens seit den 1990er Jahren hat sich der Begriff „Einkommensschere" etabliert. Damals war deutlich zu erkennen: Die Schere zwischen hohen und niedrigen Einkommen ging immer weiter auseinander. Wie sieht es heute damit aus?

Es gibt eine gute und eine schlechte Nachricht: Während sich die Schere weltweit und auch im OECD-Raum weiter öffnet, hat sie sich in Deutschland in den vergangenen zehn Jahren sogar leicht geschlossen, nicht zuletzt durch die Einführung des Mindestlohns und die gute Entwicklung am Arbeitsmarkt. Die Arbeitslosenquote hat sich innerhalb eines Jahrzehnts nahezu halbiert, die Zahl der sozialversicherungspflichtig Beschäftigten ist mit über 44 Millionen auf einen Höchststand geklettert. Allerdings gilt diese positive Entwicklung nur für die Nettolöhne. Die Schere bei den Bruttolöhnen und den Vermögen hat sich weiter auseinanderentwickelt. Auch die regionalen Unterschiede im Einkommen sind erheblich, zwischen Wolfsburg und Erzgebirgskreis liegen glatte 2.000 Euro Differenz.

Niedrige Bruttolöhne und geringes Vermögen wiederum lassen kaum Spielräume zur Vorsorge. Damit tut sich ein Problem auf, das die Politik lange ignoriert hat: die drohende Altersarmut.

Nun stellt sich die Frage, wie die im Bundestag vertretenen Parteien den Problemen begegnen wollen. Ich versuche eine grobe Skizze: Die CDU setzt auf eine stabile wirtschaftliche Entwicklung und will insbesondere älteren Menschen und Langzeitarbeitslosen den Zugang zum Arbeitsmarkt ermöglichen, etwa durch eine Neuauflage des Programms „50plus".

Die SPD plädiert für eine Anhebung des Mindestlohnes, setzt zusätzlich aber vor allem auf höhere Abschlüsse der Tariflohnpartner, damit die Arbeitnehmer angemessen vom wirtschaftlichen Aufschwung profitieren.

Die Grünen legen einen Schwerpunkt auf die Kommunalpolitik. Indem Städte und Gemeinden gestärkt werden, können sie ihre Infrastruktur erhalten und damit die Teilhabe am gesellschaftlichen Leben ermöglichen.

Die FDP bringt ein „liberales Bürgergeld" ins Spiel, in welchem alle Sozialleistungen zusammengefasst werden. Wie das Steuersystem soll es Transparenz und zielgerichtete Leistungen ermöglichen.

Die Linke setzt auf Umverteilung durch ein verändertes Steuersystem und Reformen der sozialen Sicherungssysteme. Sie fordert außerdem eine Anhebung des gesetzlichen Mindestlohns auf 12 Euro.

Die Bedeutung von Bildung betonen Linke, Grüne, SPD, FDP und CDU gemeinsam. Die Bildungschancen für Schüler sollen verbessert und neue Qualifikationsmaßnahmen für Arbeitslose aufgelegt werden. Auch bei der Integration von Flüchtlingen legen sie die jeweiligen Schwerpunkte auf Bildung.

Die AfD macht u.a. die Europa- und Migrationspolitik für die Armut verantwortlich. Lösungsansätze sieht sie in der Förderung von Familien. Auch plädiert sie für eine Einführung der Bürgerarbeit.

Unabhängig von der politischen Bewertung dieser Ansätze wird deutlich, dass die Themen Einkommensschere und (Alters-)Armut bei der Politik angekommen sind. Schnittmengen bei den Lösungsansätzen zeichnen sich ab. Aber es gibt noch viel zu tun. Als Christen steht es uns dabei gut zu Gesicht, auch politisch unsere Stimme für Gerechtigkeit zu erheben.

Noch einmal zurück nach Lima. Ich denke, man kann, ja man muss relative und absolute Armut zusammendenken. Denn (nur) wer genügend zum Leben hat, der kann auch großzügig abgeben.

12. Gottes Oasen in der Wüste – das Erlassjahr

Die Sonne brennt vom wolkenlosen Himmel herab. Der weiße Sand wirft sie zurück, flimmernde Schlieren stehen in der Luft. Die Hitze verdorrt erbarmungslos jedes grünende Keimlein, kaum dass es aufgesprosst ist. Kilometerweit erstrecken sich die Dünen, die wie von Pulverschnee überzogen scheinen. Die Sahara. Meine Frau und ich machten in Tunesien, auf unserer Hochzeitsreise, einen Abstecher in diese berühmt-berüchtigste aller Wüsten. Wir waren beeindruckt. Doch etwas anderes hat uns überwältigt: Wir kamen zu einer Oase. Ringsum von Dürre umgeben, wucherte hier auf einigen Quadratkilometern üppigste Vegetation: Dattelpalmen, Bananenstauden, Zitrusfrüchte – in fünf Stockwerken übereinander wurde angebaut. Das Unfassbare: Gespeist wurde dieser Paradiesgarten aus einer einzigen Quelle! Mit einem ausgeklügelten Leitungssystem wurde das kostbare, lebensspendende Nass verteilt. Die ganze Oase war in unzählige Parzellen aufgeteilt, jede erhielt nach einem komplizierten Schlüssel ihre Wasserration zugeteilt. „Wem gehören diese Parzellen?" fragte ich den Reiseführer. „Berberfamilien, einstige Nomaden, die sie seit Generationen weitervererben" erfuhr ich. „Es ist ihr einziger Besitz."

Warum erzähle ich diese Geschichte hier? Weil sie in der Bibel eine Parallele hat. Das alttestamentliche Volk Israel lebte ebenfalls in der Wüste. Und ebenfalls von Erbbesitz – eine praktische Einrichtung, die jedem Einzelnen sowohl ein Auskommen als auch das Fortbestehen desselben sicherte. Doch was, wenn die Ernte einmal ausblieb? Und dann ein zweites und ein drittes Mal? Das Erbe musste beliehen, verpfändet und schließlich verkauft werden. Der Mittellose verpfändete obendrein sich selbst, bis hin zur Leibeigenschaft. Doch Leibeigenschaft, Sklaverei – das war (und ist) nicht Gottes Plan für sein Volk. Darum gab er ein Gebot. Er gebot das Erlassjahr (auch Hall-, Jubel- oder Gnadenjahr, je nach Übersetzung).

In der Thora, den fünf Büchern Mose, finden wir es in zwei Formen, ich nenne sie hier das „kleine" und das „große" Erlassjahr. Das kleine Erlassjahr fand alle sieben Jahre statt, es war mit dem Sabbatjahr (2. Mose 23,10f) gekoppelt. Im Sabbatjahr sollte auf dem Acker nicht angebaut und der wild wachsende Ertrag den Armen überlassen werden. Eben diesen Armen galt auch das Erlassjahr. In 5. Mose 15 lesen wir: „Es soll überhaupt kein Armer unter euch sein" (Vers 4). Und darum sollen in diesem Jahr seine Schulden erlassen (V. 1) und ihm dafür um so mehr geliehen (V. 8) und gegeben (V. 10) werden. Denen, die sich an dieses Gebot halten, macht Gott dafür eine großartige Zusage: „...dein Herz soll sich's nicht verdrießen lassen, dass du ihm gibst: denn dafür wird dich der HERR, dein Gott, segnen in allen deinen Werken..." (V. 10).

Vom großen, dem eigentlichen Erlassjahr berichtet 3. Mose 25: „Und du sollst zählen sieben Sabbatjahre, siebenmal sieben Jahre... Und ihr sollt das fünfzigste Jahr heiligen und sollt eine Freilassung ausrufen im Land für alle, die darin wohnen; es soll ein Erlassjahr für euch sein. Da soll ein jeder bei euch wieder zu seinem Besitz und seiner Sippe kommen ... Das ist das Erlassjahr, da jedermann wieder zu seinem Besitz kommen soll." (Verse 8, 10 und 13). Man stelle sich das vor: Alle Leibeigenen wurden freigelassen, ihren Besitz erhielten sie zurück. Was für ein Jubel, was für ein Hall muss über diese Gnade geherrscht haben (womit die anderen Namen für das Erlassjahr erklärt wären)!

Bei Gott, das lehrt uns dieses Gebot, ist also niemand unbegrenzt der Wüste ausgeliefert, sondern seine „Oase", die zugeteilte Parzelle seines Erbbesitzes, steht bereit; denjenigen, denen ein Schicksalsschlag die Ernte verdarb ebenso wie denjenigen, die ihre Missernte durch eine Misswirtschaft selbst verschuldet hatten.

Das Gebot war ganz handfest und materiell zu verstehen. Im Lauf der Geschichte Israels bekam es zusätzlich eine zweite Bedeutung, eine geistliche. Jerusalem war zerstört, der Tempel lag in Trümmern, das Volk war ins Exil nach Babylon verschleppt, da kündigte der Prophet ein besonderes Erlassjahr an: „Er hat mich gesandt, den Elenden gute Botschaft zu bringen, die zerbrochenen Herzen zu verbinden, zu verkündigen den Gefangenen die Freiheit, den Gebundenen, dass sie frei und ledig sein sollen..." (Jesaja 61,1f).

Einige Jahrhunderte später macht Jesus eben diesen Text zum Ausgangspunkt seiner „Antrittspredigt" in der Synagoge von Nazareth. Er liest ihn, und ergänzt: „Heute ist dieses Wort der Schrift erfüllt vor euren Ohren" (Lukas 4,21). Das bedeutet: das Erlassjahr, das Gnadenjahr Gottes bekommt eine ganz neue Dimension. Nicht mehr nach „sieben mal sieben" Jahren wird es ausgerufen, sondern heute, täglich neu. In

Jesus ist allen Elenden der Trost und die Gnade Gottes zugänglich geworden. Allen – das ist die zweite neue Dimension – die an ihn glauben (vgl. Johannes 1,12), nicht mehr nur dem Volk Israel.

Mit dieser Erweiterung des Erlassjahrgebotes, vom punktuellen, konkreten Ereignis zum universalen Heilsangebot, ist jedoch auch ein Problem verbunden: Die ihm ursprünglich innewohnenden praktischen (und politischen) Konsequenzen treten nur allzu schnell in den Hintergrund. Doch sie gehören nach wie vor dazu. Ich möchte dies exemplarisch am Gedanken der Versklavung tun. Das Erlassjahr lehrt eindeutig: Versklavung ist nicht Gottes Wille! Also ist uns – als Volk Gottes – geboten, dagegen aufzubegehren und – wo möglich – konkret zu handeln. Als Beispiele moderner Sklaverei fallen mir ein: Prostitution, insbesondere von Kindern, speziell in Asien, Lateinamerika und Osteuropa; Kinderarbeit, etwa in den Teppichwebereien Indiens oder Nepals (beim Teppichkauf über Herstellungsbedingungen informieren!); Hungersnöte und Bürgerkriege als Folge wirtschaftlicher Ausbeutung und Abhängigkeit, insbesondere in Afrika (Christen könnten ihr Geld, statt es auf der Bank „arbeiten" – wer arbeitet da eigentlich? – zu lassen, auch Missions- und Entwicklungshilfeprojekten als Darlehen zur Verfügung stellen); u.v.m.

Zum Schluss noch einmal zurück in die Sahara. Wer seine Parzelle, seinen Anteil an der Oase, verliert, sei es durch eigenes oder fremdes Verschulden, dem bleibt nur die Wüste. Ähnlich sind vielerorts geistlich und/oder materiell Menschen von Wasser und Brot abgeschnitten. Gottes Konzept dagegen ist das Erlassjahr. Er will uns gerne gebrauchen, es zu verkündigen und zu verwirklichen.

13. Gleicher Lohn für alle?

„Denn das Himmelreich gleicht einem Hausherrn, der früh am Morgen ausging, um Arbeiter anzuwerben für seinen Weinberg. Und als er mit den Arbeitern einig wurde über einen Silbergroschen als Tagelohn, sandte er sie in seinen Weinberg. Und er ging aus um die dritte Stunde und sah andere auf dem Markt müßig stehen und sprach zu ihnen: Geht ihr auch hin in den Weinberg; ich will euch geben, was recht ist. Und sie gingen hin. Abermals ging er aus um die sechste und um die neunte Stunde und tat dasselbe. Um die elfte Stunde aber ging er aus und fand andere stehen und sprach zu ihnen: Was steht ihr den ganzen Tag müßig da? Sie sprachen zu ihm: Es hat uns niemand angeworben. Er sprach zu ihnen: Geht ihr auch hin in den Weinberg. Als es nun Abend wurde, sprach der Herr des Weinbergs zu seinem Verwalter: Ruf die Arbeiter und gib ihnen den Lohn und fang an bei den letzten bis zu den ersten. Da kamen, die um die elfte Stunde angeworben waren, und jeder empfing seinen Silbergroschen. Als aber die Ersten kamen, meinten sie, sie würden mehr empfangen; und sie empfingen auch ein jeder seinen Silbergroschen. Und als sie den empfingen, murrten sie gegen den Hausherrn und sprachen: Diese Letzten haben nur eine Stunde gearbeitet, doch du hast sie uns gleichgestellt, die wir des Tages Last und die Hitze getragen haben. Er antwortete aber und sagte zu einem von ihnen: Mein Freund, ich tu dir nicht Unrecht. Bist du nicht mit mir einig geworden über einen Silbergroschen? Nimm, was dein ist, und geh! Ich will aber diesem Letzten dasselbe geben wie dir. Oder habe ich nicht Macht zu tun, was ich will, mit dem, was mein ist? Siehst du darum scheel, weil ich so gütig bin? So werden die Letzten die Ersten und die Ersten die Letzten sein." (Matthäus 20,1–16)

Jesus erzählt ein Gleichnis, in dem es um Gerechtigkeit geht. Wirklich? Oder sollte man besser sagen: um Ungerechtigkeit? Jeder Arbeiter bekommt am Ende des Tages den exakt gleichen Lohn. Obwohl doch nicht jeder die gleiche Arbeitszeit investiert hat. Natürlich kommt bei denen ein Gemurre auf, die länger im Weinberg arbeiteten – nur um dann eine Lohntüte mit dem gleichen Inhalt in den Händen zu halten wie ihn auch die Kurzarbeiter bekommen.

Kann das gerecht sein: Ungleiches gleich zu behandeln? Kaum. Wer die Fleißigen, die – wie man sie nennt – Leistungsträger einer Gesellschaft, benachteiligt, der nimmt ihnen die Motivation, sich weiterhin anzustrengen. Menschen neigen immer dazu, sich zu vergleichen, und warum sollte einer mehr arbeiten, wenn der andere für weniger Einsatz das gleiche bekommt?

Doch darum geht es in unserem Text nur auf den ersten Blick. Dass Jesus Gerechtigkeit und Gleichheit nicht platt in eins setzt, zeigt ein anderes Beispiel aus dem Neuen Testament. Im Gleichnis von „den anvertrauten Pfunden" in Lukas 19,11–27 werden materiell ungleiche „Startbedingungen" einfach vorausgesetzt, ohne Bewertung. Die naheliegende Frage nach Gerechtigkeit – im Sinne von Gleichheit – stellt Jesus gar nicht. Es geht nicht darum, dass jeder das gleiche hat. Betont wird hingegen ein anderer Aspekt: Wichtig ist, was ein Mensch aus den Pfunden macht, die ihm anvertraut wurden. Schöpft er seine Potentiale und Ressourcen aus, oder vergräbt er seine sie?

Damit zurück zu den Arbeitern im Weinberg. Jeder Arbeiter im Gleichnis erhält den gleichen Lohn. Und zwar den üblichen Satz eines Tagelöhners. Das ist die Summe, die ein Arbeiter braucht, um sein Auskommen (und das der Familie) zu sichern. Alle Männer, die auf dem Markt standen, haben nach Arbeit gesucht. Niemand hat einfach Däumchen drehen wollen, aber nicht jeder hatte die Chance, eine bezahlte Beschäftigung für den ganzen Tag zu finden.

Der Kerngedanke lautet: Wenn ein Mensch einer Erwerbsarbeit nachgeht, dann soll sein Lohn ihm die Lebensgrundlagen garantieren. Und wer keine Gelegenheit hat, eine volle Stelle zu bekommen, der darf „aufstocken". Es bekommen also nicht die einen Arbeiter zu wenig, sondern alle Arbeiter bekommen genug – genug zum Leben.

Gerechtigkeit wird hier nicht über den Vergleich der Arbeitszeit definiert, sondern über die Sicherung der Existenz des Einzelnen.

Es ist erstaunlich, wie konkret sich dieser Gedanke in Politik umsetzen lässt. Am besten verwirklicht sehe ich es in der „Sozialen Marktwirtschaft". Gerechtigkeit wird in der sozialen Marktwirtschaft nicht als Gleichheit, sondern als Chancengleichheit verstanden. Sie will jedem Menschen optimale Bedingungen geben, etwas aus sich zu machen. Konkret heißt das: Jeder Mensch muss trotz unterschiedlicher sozialer Voraussetzungen den gleichen Zugang zu Bildung haben. Jedem Menschen müssen die gleichen Rechte und die gleichen Chancen eingeräumt werden.

Und soziale Marktwirtschaft nimmt andererseits diejenigen in den Blick, die ihre Chancen nicht nutzen können, weil sie alt, krank oder behindert sind, oder weil sie auf dem Arbeitsmarkt nicht nachgefragt werden. Ihnen gilt die Solidarität der Gesellschaft.

Wie äußert sich das? Etwa in einem progressiven Steuersystem: Wer mehr verdient, zahlt höhere Steuern. Oder im Gesundheitssystem: Indem alle Arbeitnehmer einen festen Beitrag zahlen, bekommt der Kranke notwendige Leistungen.

Ein Beispiel, das dem Gleichnis sehr nahe kommt, ist der gesetzliche Mindestlohn. Dieser soll es möglich machen, von seiner Hände Arbeit auskömmlich zu leben. Der Stundenlohn von 8,50 Euro pro Stunde, der 2014 in Deutschland eingeführt wurde, ist ein Schritt in die richtige Richtung. Um Altersarmut vorzubeugen, ist es aber noch deutlich zu wenig. Da bleiben einige Baustellen für die Politik bestehen.

Fassen wir zusammen: Das Gleichnis von den Arbeitern im Weinberg ist erstaunlich aktuell und lässt sich unmittelbar in die Politik übersetzen. Es betont, dass Arbeit immer die Existenz sichern muss. Gerechtigkeit ist nicht einfach Gleichheit, sondern besteht aus Chancengleichheit und Solidarität.

14. Wer verdient, was er verdient?

„Die denken doch, das ist ein Selbstbedienungsladen – erhöhen sich ihre Diäten wie sie wollen!" schimpfte da neulich einer. Der Mann war in Fahrt gekommen. Nach den Politkern nahm er sich die Beamten vor, die Banker, die Ausbeuter im Allgemeinen und seinen Chef im Besonderen. Diese Typen bekämen allesamt sowieso schon viel zu viel und nähmen sich immer mehr, er selber hingegen verdiene schon immer viel zu wenig, und niemand störe sich daran. Saftladen!

Keine Frage: es gibt sie, die gravierenden Ungerechtigkeiten. Wenn ein Mensch trotz 40-Stunden-Woche auf Unterstützung angewiesen ist – das ist schlicht und ergreifend entwürdigend. Oder sehen wir uns den globalen Zusammenhang an: wenn wir, die Menschen auf der nördlichen Hälfte des Erdballs einfach mal qua Geburt mit Nahrung, Wohnung und Sozialleistungen versorgt sind, während im Süden für viele mit dem ersten Atemzug der tägliche Überlebenskampf beginnt. Soll das gerecht sein?

Wir dürfen die Augen vor diesen Ungerechtigkeiten nicht verschließen. Gerade Christen sind aufgefordert, für Recht und Gerechtigkeit einzustehen: „Es ströme aber das Recht wie Wasser und die Gerechtigkeit wie ein nie versiegender Bach" (Amos 5,24).

Und doch möchte ich mal die Frage stellen: Regen wir uns vielleicht vor allem dann auf, wenn wir selber nicht auf der Sonnenseite stehen? Sehen wir Ungerechtigkeiten auch bei den anderen? Oder nur den eigenen (vermeintlichen) Nachteil?

Nun zum „Selbstbedienungsladen" der Politiker. Das Einkommen von Bundestagsabgeordneten ist öffentlich und wird auf www.bundestag.de sehr transparent erklärt:

„Das meist als Hauptberuf wahrgenommene Amt des Parlamentariers muss finanziell so ausgestattet sein, dass es für alle offen steht: sowohl für bisher abhängig Beschäftigte als auch für Selbstständige oder Freiberufler ... Die Entschädigung muss für alle Abgeordneten gleich sein, ihre Unabhängigkeit sichern und eine Lebensführung gestatten, ‚die der Bedeutung des Amtes angemessen ist'. Das hat das Bundesverfassungsgericht 1975 verbindlich festgelegt ... Grundsätzlich gilt, dass alle gewählten Abgeordneten in der Lage sein sollen, effektiv ihre vielseitigen Aufgaben zu erfüllen. Zum 1. Juli 2016 ist die Entschädigung auf Grundlage der Entwicklung des Nominallohnindexes auf monatlich 9.327,21 Euro angepasst worden. Zur Entschädigung kommt eine steuerfreie Aufwandspauschale für die so genannte Amtsausstattung hinzu. Diese Pauschale wird jährlich zum 1. Januar an die Lebenshaltungskosten angepasst und liegt derzeit bei 4.305,46 Euro monatlich. Davon müssen alle Ausgaben bestritten werden, die zur Ausübung des Mandates anfallen: vom Wahlkreisbüro über den zweiten Wohnsitz in Berlin bis hin zum Büromaterial."

Ist das zuviel? Es ist deutlich mehr, als das Durchschnittseinkommen. Allerdings tragen die 630 Abgeordneten auch eine ganz andere Verantwortung. Sie repräsentieren mehr als 200.000 Menschen in ihrem Wahlkreis. Sie arbeiten 60 Stunden pro Woche und mehr. Sie verdienen weniger als ein Bundesrichter, und deutlich weniger als ein Manager oder ein Profifußballer. Wenn ich das vergleiche, muss ich sagen: Für meine Begriffe bekommen Bundestagsabgeordnete eine angemessene Entschädigung. Was ich allerdings kritisch sehe, sind hohe Nebeneinkünfte.

Und noch eine Frage kommt mir in diesem Zusammenhang: Wer verdient eigentlich, was er verdient?

Jesus Christus hat dazu ein Gleichnis erzählt (Lukas 19,12–26): Ein Mann geht auf Reisen. Für die Zeit der Abwesenheit vertraut er seine Pfunde, die Währungseinheit jener Zeit, seinen Dienern an. Einer erhält fünf Pfunde, ein anderer zwei, der letzte eins. Nach seiner Rückkehr erfährt der Mann von den ersten beiden Dienern, dass sie die Pfunde eingesetzt, damit gewirtschaftet und einen Gewinn erzielt haben. Beide werden gelobt und nun über größere Aufgaben gesetzt. Der Mann mit dem einzigen Pfund hingegen hat es vergraben, weil er Angst hatte etwas Falsches zu tun. Er wird getadelt, sein einziges Pfund wird ihm wieder abgenommen.

Die Botschaft ist eindeutig: Nicht wieviel jemand verdient, ist die eigentliche Frage, denn die Unterschiede in seinem Gleichnis sind ja gravierend, sondern was jemand aus seinen Pfunden macht.

Der häufigste Grund, dass wir unsere Pfunde vergraben ist dieser: Wir schielen auf die anderen. Weil die mehr haben, sind wir unzufrieden. Doch wem hilft das? Lasst uns mal schön unsere eigene Verantwortung wahrnehmen.

Mir fällt Marc ein. Ein junger Autist aus meiner Gemeinde. Vor einigen Jahren ging auf unserem Gemeindekonto ein Dauerauftrag von

5,61 Euro ein. Marc hatte ihn – mit Zustimmung seiner Eltern – eingerichtet. Als ich ihn darauf ansprach, erklärte er mir, dass das zehn Prozent von seinem Taschengeld seien. Marc war Christ geworden und fand es wichtig, den Zehnten zu geben.

Wenn sich dieser junge Mann als reich genug wahrnehmen konnte, um etwas weiterzugeben, um wieviel mehr kann ich das dann? Und du. Und die Politiker, die Banker, die Chefs sollten es ebenfalls tun.

Gerechtigkeit bedeutet nicht Gleichheit. Gerechtigkeit bedeutet, meine Gaben, meine Zeit und das Geld, das ich verdiene, verantwortlich einzusetzen.

15. „Freiheit, Menschlichkeit und Frieden": Das Projekt Europa

Wahrscheinlich ist es eine Generationenfrage, dachte ich. Knapp zwei Jahrzehnte nach dem Ende des Zweiten Weltkriegs geboren, stehen mir die Schilderungen meiner Mutter bis heute vor Augen: die Schrecken der Flucht. Als Achtjährige musste sie Vertreibung, Hunger, Gewalt und Vergewaltigung über sich ergehen lassen. „Nie wieder Krieg!" hat sich meiner Generation eingebrannt.

Und tatsächlich: Meine Kinder wachsen im Frieden auf. Seit über 70 Jahren hat Westeuropa keinen Krieg mehr gesehen. In der jüngeren deutschen Geschichte ist das eine einmalige Zeitspanne. Wie wenig selbstverständlich dieser Frieden ist, zeigt ein Blick auf den Balkan oder in den Nahen und Mittleren Osten.

Ohne die Einbindung in die Europäische Union hätten wir das nicht erlebt. Auch die Wiedervereinigung hätte es nicht gegeben, zu groß waren die Befürchtungen, ein neues „Großdeutschland" würde den Frieden (erneut) gefährden.

Dennoch beginnt das Projekt Europa zu bröckeln. Eurokrise, Flüchtlingsströme, Brexit sind die Stichworte. Europakritische, nationalistische Parteien erstarken in allen europäischen Ländern. Wahrscheinlich ist es eine Generationenfrage, dachte ich, die Erinnerung geht verloren.

Doch am 3. Mai 2018 las ich in der zweiten Europäischen Jugendstudie, die das Meinungsforschungsinstitut YouGov im Auftrag der TUI Stiftung erstellt hat: „Wenn morgen ein Referendum über die EU-Mitgliedschaft des jeweiligen Landes stattfinden würde, würden 71 Prozent der Befragten gegen einen Austritt stimmen, 2017 waren es nur 61 Prozent. In Deutschland sind es sogar 80 Prozent (2017: 69 Prozent)."

Das ist so überraschend wie eindeutig: Gerade bei jungen Europäern wächst die Zustimmung zur EU wieder. „Die Ergebnisse der Studie zeigen: Europa erlebt ein Comeback bei jungen Menschen. Der Brexit hat wachgerüttelt. Wir reden wieder über Stärken, Chancen und Errungenschaften. In einer Welt, die an vielen Orten in Unruhe ist", kommentiert Thomas Ellerbeck, Vorsitzender des Kuratoriums der TUI Stiftung.

So kann man sich täuschen. Zum Glück, wie ich finde. Allerdings: Das Projekt Europa ist damit noch nicht zukunftsfest gemacht. Wer die Zukunft gestalten will, muss die Vergangenheit kennen. Um Früchte zu ernten, braucht man Wurzeln. Daher ein Blick zurück: Drei geistesgeschichtliche Traditionen haben Europa im Wesentlichen geprägt: Die griechische Philosophie, das römische Recht und der christliche Glaube.

Christliche Traditionen gehören zu Europa. Empirisch wie historisch. Dazu nochmals eine Umfrage von Eurobarometer 2012: 72% der Menschen in Europa bezeichnen sich als christlich. 23% als Atheisten oder Agnostiker, 2% als muslimisch, und weniger als 1% als Buddhisten, Sikhs, Hindus oder Juden. Auch wenn die Zahl der Muslime insbesondere seit dem starken Flüchtlingszustrom von 2015 deutlich gestiegen ist, zeigt dieses Ergebnis deutlich: Der christliche Glaube bleibt für die große Mehrheit der Europäer nach wie vor identitätsstiftend. Wie emotional dieses Thema auch in Deutschland besetzt ist, zeigt etwa die heftige Debatte um das Anbringen von Kreuzen in bayerischen Amtsstuben, die Markus Söder im Frühjahr 2018 ausgelöst hat.

Die Bedeutung der christlichen Wurzeln zeigt die Verleihung des Karlspreises, mit dem Menschen geehrt werden, die sich um Europa und „Freiheit, Menschlichkeit und Frieden" verdient machen. Namenspatron ist Karl der Große (768–814). Er ist wohl der erste, der den Gedanken der europäischen Einigung formuliert hat: „Karl der Große hatte Gelehrte aus ganz Europa um sich versammelt, die die Höhe der Bildung jener Zeit widerspiegelten. … Zum Werk der Konsolidierung im Inneren des Reiches gehörte auch der Ausbau von Verwaltung und Justiz sowie eine einheitliche Gesetzgebung. Karls besonderes Augenmerk galt dem christlichen Glauben, den er als entscheidende Klammer für die Einheit des Reiches betrachtete." – www.karlspreis.de.

Hat das Christentum auch im 21. Jahrhundert noch die Kraft, eine solche Klammer zu sein? Ich denke: Ja. Konzepte wie die individuelle Würde des Menschen oder die des Sozialstaates wurzeln in der biblischen – und damit der gemeinsamen jüdisch-christlichen – Tradition: Der Mensch ist das Ebenbild Gottes, der Staat hat die Aufgabe ihn zu schützen.

Allerdings gehören Aufklärung und Rechtsstaatlichkeit dabei notwendig an die Seite des Christentums, damit sich dessen dunkle Seiten nicht wiederholen. Denken wir nur an den 30-jährigen Krieg, dessen Ausbruch sich 2018 zum 400. Mal jährt. Die christlichen Konfessionen haben sich brutal bekämpf;, mehr als ein Drittel der Bevölkerung Europas wurde ausgelöscht. Oder denken wir an die Rolle der Deutschen Christen im Dritten Reich und an den kirchlich legitimierten Antisemitismus.

Die Stärke eines aufgeklärten Christentums dagegen ist die Selbstreflexion: Es kennt seine Werte – und sein Versagen.

Diese Wurzeln dürfen nicht verkümmern. Sie zu pflegen, ist tatsächlich eine Generationenfrage. Nämlich die Frage, wie wir Älteren Glauben und Werte an die nächste Generation weitergeben.

16. Wir sind das Volk!

Gänsehaut. Anders kann ich es nicht beschreiben. Bis heute bekomme ich eine Gänsehaut, wenn ich die Fernsehbilder von 1989 sehe. Die friedlichen Montagsdemonstranten auf den Straßen von Leipzig, Berlin oder Dresden, die mutig skandieren: „Wir sind das Volk! Wir sind das Volk!". Sie machen klar: Wir lassen uns nicht länger überwachen, wir nehmen Medienpropaganda, Wahlfälschungen, Mauertote und eine ideologisch borniert Politikerkaste nicht länger hin. Die Bürger der DDR forderten ihre demokratischen Rechte ein.

25 Jahre später. Ein anderer, ein kalter Schauer läuft mir über den Rücken. Ich sehe Bildern aus Dresden. Zehntausende sind dem Aufruf der „Pegida" gefolgt und machen ihrem Unmut gegen eine (vermeintliche) Islamisierung des Christlichen Abendlandes Luft. Auch sie demonstrieren friedlich, auch sie rufen: „Wir sind das Volk!".

Nein, ich will nicht in eine pauschale Schelte abgleiten. Da sind nicht nur NPD-Kader und Anhänger der „Neuen Rechten" auf den Straßen. Menschen haben Sorgen, und diese Sorgen müssen ernst genommen werden. Die Politik darf sich einer Debatte über geregelte Zuwanderung nicht verschließen.

Und doch läuft es mir kalt über den Rücken. Ich frage mich: Wem folgen die Menschen? Der Initiator der Pegida-Demos ist Lutz Bachmann. Vorbestraft, einschlägig bekannt in der braunen Szene. Ein charismatischer Agitator, dem es gelingt, Massen zu mobilisieren. Darunter Christen, Mütter und Väter, unbescholtene Bürger.

Was geschieht da gerade? Ist es „dem Volk" egal, wer es auf die Straßen führt?

Neulich in Gera: Die Stadt ist quasi pleite. Ein Haushaltssicherungskonzept musste beschlossen werden. Die Einschnitte sind sehr schmerzhaft. Auch an den KiTa-Gebühren muss die Stadt sparen. Eine Erhöhung der Gebühren um 20 bis 40 Euro auf den Thüringer Durchschnitt steht im Raum. Der Stadtelternbeirat macht dagegen mobil. Die Partei Die Linke beantragt eine aktuelle Stunde im Stadtrat. Weit über tausend Menschen, Eltern und Kinder, demonstrieren mit einem Laternenumzug auf dem Marktplatz. Das ist ihr gutes Recht. Und für die Kinder obendrein ein willkommenes zweites St. Martinsfest.

Doch dann: Der Rathausaal platzt aus allen Nähten. Die Debatte ist emotional. Buhrufe für die Stadtverwaltung. Ein NPD-Stadtrat wettert gegen eine Erhöhung der Gebühren. Donnernder Applaus von den Rängen.

Ich bin irritiert. Ist es egal, *wer* hier spricht, solange er sagt, wonach den Leuten „die Ohren jucken"? Ist das „das Volk"?

Noch ein Beispiel: Ein Abend in der Sauna. Wir warten auf den Aufguss, jemand erzählt einen Witz und erntet Gelächter. Gleich setzt er noch einen drauf:

„Ein Neger geht mit seinem Affen zur Kaufhalle. Weil er das Tier nicht mit hineinnehmen darf, bittet eine junge Frau, einen Moment aufzupassen. Sie wartet vor der Tür, als ein Bekannter vorbeikommt. Er fragt verwundert: ‚Wo hast du denn den Affen her?' ‚Der ist von dem Neger da.' Der Bekannte schüttelt den Kopf. ‚Hättest du dir den nicht wegmachen lassen können?'"

Brüllendes Lachen.

Ich bin schockiert, aber schweige. Ist das „das Volk"?

Aufguss, Pause zum Einreiben mit Salz, zurück in die Sauna. Ein Moment Stille, ich melde mich zu Wort: „Entschuldigung, aber ich möchte noch etwas zu dem Witz von vorhin sagen. Der war rassistisch und menschenverachtend. Ich möchte mich hier entspannen, bitte lassen Sie das."

Ein Ruck geht durch die Leute. Ein paar beginnen mich zu rüffeln, einer sagt laut: „Bitte lasst ihm seine Meinung". Jemand flüstert von hinten: „Danke!" Auch der Bademeister springt mir bei, erklärt, dass Rassismus an diesem Ort keinen Platz habe.

Die Atmosphäre verändert sich. Es hat jemanden gebraucht, der den Mund aufmacht, der Zivilcourage zeigt. Ich tue das zu selten, immerhin diesmal. Und Teile der Menschen sind mir gefolgt. Zwar sah es für einen Moment so aus, als sei „das Volk" komplett auf Seiten des Witzeerzählers. Aber das war nicht so.

Die lautstarke Masse muss nicht unbedingt die tatsächliche Mehrheit sein.

1989 war wirklich „das Volk" auf der Straße. In Dresden ist es „nur" eine Gruppe. Gewiss: Eine große und laute Gruppe, aber es ist eben nicht die Mehrheit der Bürger. Sie reklamieren den Slogan der Montagsdemonstranten „Wir sind das Volk!" für sich. Zu Unrecht. Pegida ist nicht das Volk, und schon gar nicht das Volk, das auf

Leipzigs Straßen für Freiheit demonstrierte, in Dresden nämlich geht es um die Einschränkung von Freiheit.

Eine Frage aber bleibt, eine grundsätzliche Anfrage an die Politik: Warum gehen immer weniger Bürger zur Wahl, dafür aber immer mehr auf die Straßen? Wie kommt es zu dieser neuen APO (Außerparlamentarischen Opposition)? Sei es in Dresden gegen die Islamisierung des Abendlandes, sei es in Stuttgart gegen den Neubau des Bahnhofs, sei es in Gera gegen eine Erhöhung der KiTa-Gebühren. Was geschieht da gerade?

Schnelle Antworten habe ich nicht, aber einen Anspruch: Keine Gruppe darf sich über andere hinweg „das Volk" nennen. Und: Zwischen „denen da unten" und „denen da oben" darf es keine Spaltung geben. Wir sind nicht nur das Volk, sondern eben auch „ein Volk".

17. Man(n) kann was dagegen tun: (Zwangs-)Prostitution

Prostitution. Wir nennen sie das „älteste Gewerbe der Welt", sprechen von „Bordsteinschwalben" und von „käuflicher Liebe". Schöne Worte, mit denen wir die Wirklichkeit verschleiern: Hinter den rot erleuchteten Schaufenstern leben Menschen, etliche missbrauchte, erniedrigte und ausgebeutete Frauen.

„Sexarbeit" wird uns von Lobbyisten in Talkshows und auf Hochglanzbroschüren als seriös, lukrativ, glamourös, die Frauen als selbstbestimmt präsentiert. Und ja, natürlich: Es gibt sie, die gut verdienenden, freiwillig arbeitenden „pretty women" in den Escort-Services. Für den Großteil der Frauen sieht die Realität aber vollkommen anders aus.

Die Zahl der Prostituierten in Deutschland wächst seit Jahren. Das Geschäft mit der Ware Sex blüht und macht – zweifelhafte – Schlagzeilen: „Bordell Deutschland" (Der Spiegel). Die genaue Zahl der „Sexarbeiterinnen" ist nicht bekannt. Mafiöse Strukturen machen solide Schätzungen fast unmöglich. Experten gehen aber davon aus, dass mindestens 200.000 Prostituierte in Deutschland tätig sind. Die meisten davon gegen ihren Willen. Christian Zabel, Leiter Organisierte Kriminalität beim Landeskriminalamt Niedersachsen, schätzt, dass sexuelle Dienstleistungen in neun von zehn Fällen durch eine Zwangsprostituierte angeboten werden. Andere gehen von einem etwas geringeren Anteil aus. Doch selbst wenn es „nur" die Hälfte wäre: Fünf von zehn Frauen werden zum Sex gezwungen. Mindestens 100.000 Frauen werden gegen ihren Willen prostituiert. Mitten in unserer Gesellschaft, ohne, dass wir groß Notiz davon nehmen.

Die Verschleierung hat Methode. Milliarden werden in der Sex-Branche verdient. Das Statistische Bundesamt schätzt, dass in Deutschland jährlich 14,6 Milliarden Euro umgesetzt werden. Durch eine einzige Frau kann nach Angaben des BKA jährlich ein Gewinn von 35.000 bis 100.000 Euro erzielt werden. Dazu kommen die rasant wachsenden Umsätze in der Pornoindustrie. Geld, das die Zuhälter oder Bordellbesitzer einnehmen: bei Zwangsprostituierten kommt nur ein Bruchteil an, häufig reicht das kaum zum Leben.

Soviel zur Lage. Nun zur Politik. Deutschland hat eines der liberalsten Prostitutionsgesetze der Welt. Als dieses Gesetz 2002 auf den

Weg gebracht wurde, war es eigentlich gut gemeint: Die Rechte von Prostituierten sollten gestärkt, ihr Gewerbe als Beruf anerkannt und Sozialversicherungen, Altersvorsorge und Gesundheitsschutz ermöglicht werden.

Doch wurde die Rechnung ohne den Wirt gemacht. Der „Runde Tisch Prostitution Nordrhein-Westfalen" stellte 2014 fest, dass 99 Prozent der Prostituierten die Möglichkeit einer sozialversicherten Beschäftigung nicht angenommen haben.

Wie auch, wenn sie gegen ihren Willen verschleppt wurden, oder mit falschen Papieren anschaffen gehen müssen? So hat das Gesetz letztlich dazu geführt, dass Prostitution in Deutschland den Anstrich eines „ganz normalen" Gewerbes bekam, während hinter der Fassade Zwangsprostitution und Menschenhandel ein nie gekanntes Ausmaß annehmen konnten.

Im März 2016 stellte die Bundesregierung nun zwei neue Gesetzesentwürfe vor: Ein Prostituiertenschutzgesetz und ein „Gesetz zur Umsetzung der Richtlinie ... des Europäischen Parlaments und des Rates ... zur Verhütung und Bekämpfung des Menschenhandels und zum Schutz seiner Opfer".

Im Prostituiertenschutzgesetz werden einige dringend erforderliche Maßnahmen zum Schutz der Frauen auf den Weg gebracht: Ein Verbot „menschenunwürdiger Geschäftsmodelle" (z.B. Flatrate-Sex oder sogenannte „Gang-Bangs", letztlich nichts anderes als Gruppenvergewaltigungen); regelmäßige Gesundheitsberatungen, und damit verbindlichen Kontakt zu staatlichen Institutionen oder eine Kondompflicht für „Sexkäufer". Im Entwurf zur Umsetzung der EU-Richtlinie zu Menschenhandels ist u.a. eine Bestrafung von Freiern vorgesehen, die wissentlich und willentlich Betroffene von Menschenhandel missbrauchen.

Das sind Maßnahmen, die helfen können, das Ausmaß von Zwangsprostitution einzudämmen.

Doch es gibt weiterhin Handlungsbedarf. Einige Forderungen hat der Verein „Gemeinsam gegen Menschenhandel formuliert: Viele der Opfer sind unter 21 Jahre alt, daher ist eine Heraufsetzung des Schutzalters auf 21 Jahre notwendig. Auch müssen Aussteigerprogramme und Schutzhäuser für Frauen besser ausgestattet werden.

Oder wir machen es so: Das französische Parlament hat am 6. April eine „Freierbestrafung" beschlossen, ein generelles Verbot von Sexkauf, bei dem die Sexkäufer bestraft werden und nicht die Frauen, wie es in Schweden bereits seit einigen Jahren praktiziert wird.

Was kann Man(n) tun? Wie können wir politisch Einfluss nehmen? Etwa, indem wir Briefe an Abgeordnete schreiben. Muster dafür finden sich auf www.gemeinsam-gegen-menchenhandel.de.

Und vor allem sollte Man(n) etwas nicht tun. Wenn wir die Mechanismen hinter dem Sexgewerbe verstehen, sollte einleuchten: Wer Dienstleistungen von Prostituierten in Anspruch nimmt oder Pornos konsumiert, der verletzt die Würde von Frauen. Also: Finger weg. Wie überall gilt auch hier: Die Nachfrage bestimmt das Angebot. Es liegt an uns Männern, diesen „(Sklaven-)Markt" trockenzulegen.

18. Hunger

Es war ein langer Tag. Markt der Möglichkeiten beim Deutschen Evangelischen Kirchentag. Rüdiger Jope hat einen Stand betreut, ich bin durch die Hallen geschlendert. Abends treffen wir uns in einer feinen Pizzeria in der Innenstadt. Ein Abend unter Freunden. Lecker essen, dazu bleifreies Weizen und viel zu erzählen. Nach einer Weile summt das Handy. Mein Freund und ehemaliger Chef schickt eine SMS: Frank Heinrich, Mitglied des Deutschen Bundestags. Er ist gerade in Berlin angekommen und hat etwas Zeit. Wir laden ihn ein, bald sitzen wir zu dritt in der Runde.

Frank ist vor wenigen Stunden aus dem Südsudan zurückgekehrt. Die frischen Eindrücke sprudeln aus ihm heraus. Als Obmann seiner Fraktion im Ausschuss für Menschenrechte und Humanitäre Hilfe war er auf Einladung des Welternährungsprogramms der Vereinten Nationen vor Ort, um sich ein Bild von der Lage der Menschen zu machen. In Ostafrika herrscht aktuell die schwerste humanitäre Krise, die das – nun wahrlich genug gebeutelte – Afrika seit vielen Jahren erleben muss.

2011 hat sich der Südsudan unabhängig gemacht. Seit 2013 herrscht Bürgerkrieg im Land. Die Hungersnot, die durch den Krieg und eine verheerende Dürre am Horn von Afrika entstanden ist, betrifft nach Schätzungen der UNO 5,5 Millionen Menschen – das ist in etwa die Hälfte der Bevölkerung. Die Welthungerhilfe beschreibt auf ihrer Website die katastrophalen Auswirkungen dieser anhaltenden Krise im Südsudan:

„Über 3 Millionen Menschen haben ihr Zuhause verlassen, 1,9 Millionen sind Vertriebene im eigenen Land, 1,74 Millionen sind in Nachbarländer geflohen. Sie suchen Schutz in sichereren Gebieten oder in Flüchtlingscamps. Doch die Bedingungen dort sind schlecht, es fehlt an Zelten, Wasser und Hygiene. Die meisten der Flüchtlinge sind von Nahrungsmittellieferungen abhängig. Mehr als 5.000 Fälle von Cholera-Erkrankungen wurden seit Mitte 2016 erfasst, größtenteils in der Nilregion. 1,64 Milliarden US Dollar sind laut UNOCHA (Amt der Vereinten Nationen für die Koordinierung humanitärer Angelegenheiten) nötig, um 5,8 Millionen Menschen mit dem Nötigsten zu versorgen."

Die Bundesrepublik Deutschland ist ein wichtiges Geberland für Ostafrika. Entwicklungsminister Gert Müller besuchte die Region im April, Außenminister Sigmar Gabriel nahm ebenfalls im April an einer Geberkonferenz mit Vertretern der UN und der EU in Brüssel teil. Weitere Konferenzen zur Verknüpfung der Geber und zur Koordinierung der Hilfsmaßnahmen sind geplant. Das Entwicklungsministerium stellte 2017 insgesamt 300 Millionen Euro zur Verfügung. Hinzu kommen 120 Millionen Euro für Humanitäre Hilfe aus dem Haushalt des Auswärtigen Amtes. Für den Südsudan hat das Außenministerium 40 Millionen Euro und für das Horn von Afrika zusätzlich noch einmal 15 Millionen Euro Hilfsgelder eingeplant.

Frank zeigt uns Fotos aus dem Land. Auch ein kleines Video hat er auf dem Smartphone: Er hat ein Transportflugzeug gefilmt, das Lebensmittelkisten per Faltschirm abwirft. Danach werden die Vorräte eingesammelt, sortiert und geordnet an Flüchtlinge verteilt. Eine große logistische Aufgabe für das Welternährungsprogramm und seine Partner, die Helfer und die Hungernden erstaunlich diszipliniert meistern.

All das erfahren wir, während wir unsere Pizza essen und wir entspannt das Biergartenflair der Bundeshauptstadt genießen, in der auch zu später Stunde noch das Leben pulsiert.

Ein schlechtes Gewissen weht mich an. Aber nur kurz. Stattdessen meldet sich Dankbarkeit. Unbeschreibliche Dankbarkeit, in einem friedlichen, sicheren Land zu leben. Einer bewährten Demokratie, einem Rechtsstaat, einem Sozialstaat. Keine Frage: es gibt Unwuchten auch in unserem Land. Es gibt benachteiligte Gruppen. Es gibt Ungerechtigkeiten, nicht jeder hat die gleichen Chancen. Es gibt Fragen an die Zukunft: Wie soll es mit der Rente weitergehen? Wie können die Sozialsysteme dauerhaft finanziert werden? Wie wird sich die EU entwickeln? Wie die weltweite Wirtschaft? Wie integrieren wir die Menschen, die in unser Land gekommen sind? Wichtige Fragen. Es sind Reformen notwendig, die mit viel Energie angepackt werden müssen. Energie allerdings, die sich kaum aus Meckern speisen wird, sondern aus tiefer Dankbarkeit. Wer zu satt ist, wird faul und nörgelig.

Wer dankbar ist, wird aktiv. Aktiv für Deutschland. Und aktiv für die Menschen in Not. Staatliche Unterstützung reicht nicht aus. Die Menschen in Ostafrika sind auf Spenden angewiesen. Wir können etwas tun. Indem wir uns informieren, und indem wir spenden. Etwa hier, auf der Website der „Aktion Deutschland Hilft", dem Bündnis deutscher Hilfsorganisationen: www.aktion-deutschland-hilft.de.

Bereits mit fünf Euro im Monat kann man Förderer werden. 25 Euro sichern das Trinkwasser für fünf Familien. Unser Pizzaabend ist teurer. Den haben wir uns verdient. Und den gönnen wir uns auch. Aber gilt nicht auch hier, wozu Jesus die „Gesetzestreuen" auffordert, die den Blick für Gerechtigkeit und Barmherzigkeit verloren haben: Sie sollen „dies tun und jenes nicht lassen" (Matthäus 23,23).

Lasst uns war tun. Aus tiefer Dankbarkeit.

19. Unfertige Gedanken zum Thema Nummer Eins: Flüchtlinge

Schwarz-weiß Antworten sind so leicht gefordert – und so schwer gegeben. Das gilt auch für das Thema Nummer eins dieser Tage: die Flüchtlingsfrage. Deswegen möchte ich heute einen inhaltlich unfertigen Text abgeben. Biblische, politische und humanitäre Gedanken durchmischen sich.

1. Ein Mensch ist ein Mensch. „Und Gott schuf den Menschen zu seinem Bilde, zum Bilde Gottes schuf er ihn; und schuf sie als Mann und Frau." (1. Mose 1,27). Weiß, schwarz, bunt. Männlich, weiblich. Menschlich. Ein Humanum, jederzeit jeder Humanität wert.

2. „Die Würde des Mensch ist unantastbar" (Grundgesetz der Bundesrepublik Deutschland, Artikel 1,1). Unantastbar? Unverlierbar ja. Und doch wird sie täglich angetastet: Die Würde der Frauen durch Unterdrücker, Vergewaltiger und Menschenhändler. Die Würde der Glaubenden durch Fundamentalisten und Fanatiker. Die Würde der frei Denkenden durch politische Verfolgung und diktatorische Zensur. Die Würde der Intimität des Individuums durch Moralisten und Voyeure. Die Würde der Armen durch den Zynismus der Reichen.

3. „Politisch Verfolgte genießen Asylrecht" (GG Art. 16a). Dazu das Bundesamt für Migration und Flüchtlinge: „Politisch ist eine Verfolgung dann, wenn sie dem Einzelnen in Anknüpfung an seine politische Überzeugung, seine religiöse Grundentscheidung oder an für ihn unverfügbare Merkmale, die sein Anderssein prägen, gezielt Rechtsverletzungen zufügt, die ihn ihrer Intensität nach aus der übergreifenden Friedensordnung der staatlichen Einheit ausgrenzen. Das Asylrecht dient dem Schutz der Menschenwürde in einem umfassenderen Sinne."

4. Die Genfer Flüchtlingskonvention von 1951 „legt klar fest, wer ein Flüchtling ist, und welchen rechtlichen Schutz, welche Hilfe und welche sozialen Rechte sie oder er von den Unterzeichnerstaaten erhalten sollte. Aber sie definiert auch die Pflichten, die ein Flüchtling dem Gastland gegenüber erfüllen muss und schließt bestimmte Gruppen – wie Kriegsverbrecher – vom Flüchtlingsstatus aus" (zitiert nach www.uno-fluechtlingshilfe.de).

5. „Alles, was Recht ist", sagt der Volksmund. Und: „Was Recht ist, muss Recht bleiben". Asylrecht ist Asylrecht. Eine Bürgerpflicht und

eine Christenpflicht. Eine Aufgabe von Verfassungsrang. Kein Almosen. Aber auch kein Rechtskreis, über den sich Zuwanderung regeln ließe oder regeln dürfte. Schutz bekommt, wer Schutzes bedarf.

6. Ein Bekannter sagte neulich: „Die Arschlöcher sind überall auf der Welt gleichmäßig verteilt." Bei Deutschen ebenso wie bei Migranten. Also wird man immer Beispiele für Kriminalität finden. Hier wie dort.

7. Was Christen glauben, geht noch einen Schritt weiter: Jeder Mensch ist Geschöpf und Sünder zugleich. Niemand ist nur Täter. Niemand ist nur Opfer. Die Unterscheidung in gute und schlechte Menschen ist kein christlicher Gedanke. Politisch Verfolgte haben in Deutschland ein Recht auf Asyl. Menschen aus wirtschaftlich schlecht entwickelten Regionen nicht. Das ist eine juristische Tatsache. Keine moralische. Flüchtlinge, also Menschen, erster und zweiter Klasse darf es nicht geben – auch wenn nicht alle bleiben dürfen.

8. „Hass macht hässlich" las ich vor kurzem auf einem Demo-Plakat. „Stimmt", dachte ich, als ich den Träger des Schildes ansah... In der islamischen Welt blühen Terror, Diskriminierung, und auch Antisemitismus – das dürfen wir auf Deutschem Boden nie wieder zulassen. Jeder Flüchtling, der hier bleiben will, muss das Grundgesetz akzeptieren. Wie jeder Deutsche auch. Aber niemand, der seine Angst vor dem Islam oder seine Kritik an der Regierung äußert, hat das Recht zu hassen. Keine NPD und keine Antifa und niemand sonst. Ein Christ schon gar nicht. „In der Welt habt ihr Angst", sagt Jesus, aber er fährt nicht fort, „doch euer Hass wird die Welt überwinden", sondern „seid getrost, ich habe die Welt überwunden" (Johannes 16,33).

9. Sozialer Frieden und rechtsstaatliche Prinzipien sind neben wirtschaftlichen Interessen der Kerngedanke der Europäischen Einigung. Man kann die Abkommen von Schengen und Dublin diskutieren, und es zeichnet sich ab, dass man sie wohl auch neu wird verhandeln müssen, aber sie de facto außer Kraft zu setzen ist inakzeptabel. Recht ist nur dann wirklich Recht, wenn es auch umgesetzt wird.

10. Gehen wird, wer keinen Grund zum Bleiben hat. Doch Rausekeln funktioniert nicht. Weder „Nazis raus!" noch „Alle abschieben!". Wohin denn, bitte schön? Seenotrettung im Mittelmeer. Eine humanitäre Pflicht. Doch zu wem soll man sie bringen? Einen libyschen Staat gibt es nicht mehr. „Dann lasst sie doch ersaufen", sagte mir ein Nachbar vorige Woche, „das wird sich schon rumsprechen." Muss man das

noch kommentieren? Fluchtursachenbekämpfung ist das Gebot der Stunde. Doch wie kriegt man Putin und Trump und die Weltgemeinschaft an einen Tisch zum Thema? Und setzt man Assad dazu? Es ist ein Dilemma: Wer Diktatoren gewähren lässt, riskiert das Leben von Menschen, siehe Nordkorea, wer sie stoppt, riskiert ebenfalls das Leben von Menschen, siehe Irak.

11. „Schwerter zu Pflugscharen". Ja. Am besten man baut gleich Pflüge. Aber rüstet man damit seine Polizei und seine Armee aus? Und wer gibt freiwillig sein Schwert beim Schmied ab?

Und noch soviel mehr wäre zu sagen, ist zu erwägen – und dabei auch noch im Akkordtempo täglich zu erledigen.

Teil 3
Glaube und Anstand

20. Von Glauben und Anstand in der Politik

Als ich diese Zeilen schrieb (Mitte Februar 2018), war noch vieles offen im Berliner Politikbetrieb. Eines aber stand fest: der alte Innenminister wird nicht der neue sein. Thomas de Maizière wird der nächsten Bundesregierung nicht mehr angehören. Das möchte ich zum Anlass nehmen, mich diesem bemerkenswerten Mann einmal näher zu widmen.

„Geschasst" worden sei er, sagten manche, „fallengelassen" schrieben andere, „geopfert" und „abserviert" wieder andere. Und er selbst? Was sagte Thomas de Maizière, als er davon erfuhr, nicht weiterhin am Kabinettstisch zu sitzen? „Ein Ministeramt ist immer ein Amt auf Zeit. Das war mir immer bewusst. Ich bin sehr dankbar, dass ich dem Land in einer schwierigen Zeit dienen durfte."

Souveräner kann man nicht abtreten. Kein Nachkarten, keine Klage, keine bittere Miene, nichts. Leicht wird dem ehemaligen Minister die Demission kaum gefallen sein. Immerhin gehörte er der Bundesregierung zwölf Jahre an. Der gesamten Regierungszeit von Kanzlerin Angela Merkel. De Maizière war Kanzleramtschef, Innen-, Verteidigungs- und erneut Innenminister. Und nun: Opfer der Koalitionsverhandlungen. Dennoch: Er verabschiedete sich mit Würde und Anstand.

2013 erschien im Siedler Verlag das Buch „Damit der Staat dem Menschen dient. Über Macht und Regieren" Thomas de Maizière im Gespräch mit Stefan Braun. Lesenswert. Schon damals sagte er: „Ein guter Politiker zeichnet sich dadurch aus, dass er etwas erreichen will und dafür Macht anstrebt, nutzt und verteidigt. Und wenn er verliert, demütig wieder abtritt. Einen schlechten Politiker interessiert nur die Macht oder die Position als solche, nicht aber das, was man damit macht." Macht als Option zur Gestaltung, ein Mandat immer als ein Wahlamt auf Zeit. Wer Politik so versteht, zeigt, dass er die Demokratie verstanden hat und ein hohes Verantwortungsbewusstsein besitzt.

Thomas de Maizière war beileibe kein unumstrittener Minister. Spätestens seit der Flüchtlingskrise 2015 eckte er an. Er äußerte sich in der Bild am Sonntag mit zehn Punkten und einem markigen Satz zur deutschen Leitkultur: „Wir sind nicht Burka" – worauf viele den Dresdner weit in die rechte Ecke rückten. Er befürwortete Auslandseinsätze der Bundeswehr und den Einsatz bewaffneter Drohnen – worauf er als

Kriegstreiber verschrien wurde. Bei vielen Christen kam seine Entscheidung, den Familiennachzug für subsidiär Schutzbedürftige zeitweilig auszusetzen, gar nicht gut an. Politisch gibt es in der Retrospektive einige Entscheidungen zu diskutieren.

Menschlich jedoch ist Thomas de Maizière – und ich wiederhole mich gerne – ein Muster an Anstand. Und für meine Begriffe ist er damit kein Muster ohne Wert, kein Auslaufmodell, kein Soldat alter Schule, sondern im Gegenteil: Er könnte ein Trendsetter sein. Ein Vorbild. Einer, der junge Menschen inspiriert. „Frage nicht, was dein Land für dich tun kann – frage, was du für dein Land tun kannst." Dieses berühmte Zitat von John F. Kennedy, es hätte von de Maizière stammen können. Und es könnte Schule machen in einer Zeit, in der Männer sich nach Werten sehnen und nach Vorbildern suchen.

Als eine der Wurzeln seines Lebens und Wirkens nennt Thomas de Maizière in dem Gesprächsband den christlichen Glauben. „Mir ist wichtig, dass es Gott gibt, über mir, uns allen. Dass es letzte Dinge gibt, über die ich nicht entscheide. Etwas anderes ist aber auch wichtig: Man soll den Glauben nicht zu sehr auf den Lippen tragen. Das wirkt erstens in einer säkularen Gesellschaft leicht ein bisschen aufdringlich, und zweitens hat die Frage, ob man die Rente mit 67 einführt, mit dem christlichen Glauben nichts zu tun. Natürlich kann ich sagen, das ist nachhaltig, und Nachhaltigkeit ist gut und ein Prinzip der Schöpfung uns so. Aber wirklich gläubig sein heißt für mich mehreres: Das Allererste ist ganz schlicht, aber tiefgehend: der Glaube an Gott und die Auferstehung. Das hat viele Dimensionen: dass das Leben nach dem Tod nicht zu Ende ist; dass wir eine Verantwortung über unser Leben hinaus haben; dass es den Unterschied zwischen den letzten und den vorletzten Dingen gibt; dass wir uns nur mit den vorletzten Dingen beschäftigen und die letzten Dinge in Gottes Hand sind." Und weiter: „Für mich als Protestant kommt in besonderer Weise noch hinzu, was wir die ‚Freiheit des Christenmenschen' nennen. Dietrich Bonhoeffer hat mich sehr geprägt – ich habe ihn viel gelesen. Der Auftrag des Christenmenschen, des freien Christenmenschen ist es Freiheit in die Welt zu bringen. Das ist sehr protestantisch. Freiheit – das heißt für mich auch, mit Freiheit mündig umzugehen und sich zu freuen, dass es Unsicherheit gibt, weil es keine Freiheit ohne Unsicherheit gibt. Das ist für mich ein zentraler Punkt. Und dann gehört für mich dazu, dass man sich nicht zu wichtig nimmt. Wenn es Dinge gibt, die wichtiger sind als das eigene Leben, dann wird man im Erfolg nicht übermütig und in der Niederlage nicht zu verzweifelt."

In der Niederlage nicht zu verzweifeln, sondern Größe zu zeigen. Das können wir von Thomas de Maizière lernen. Er hat es vorgemacht.

21. Mumm

Unsere Welt braucht Menschen mit Vernunft und Leidenschaft (nicht nur) im politischen Geschäft.

Mumm muss man schon haben, um so klare Kante zu zeigen, wie Frank-Walter Steinmeier bei seinem Wahlkampfauftritt am 20. Mai 2014 auf dem Alexanderplatz in Berlin. Mit Trillerpfeifen und Zwischenrufen störten Europagegner die Rede des Außenministers, der sich für die EU und den Euro ausgesprochen hatte. Doch der zeigte „Emotionen im Wahlkampf. Steinmeier brüllt für Europa" (Handelsblatt). Dürfen „die da oben" das eigentlich? So aus der Haut fahren? Über zweieinhalb Millionen Klicks auf die Redesequenz auf YouTube, eine sehr breite und fast überall positive Presseberichterstattung sowie die sofort gestiegenen Sympathiewerte Steinmeiers lassen vermuten, dass es „beim Volk" nicht schlecht ankam.

Kritik ist ein gewollter Teil unserer Demokratie

Vielleicht ist es mitunter ganz gut, wenn dem ein oder anderen Promi mal der Kragen platzt. Rudi Völlers Verbalattacke gegen „Weizenbier-Waldi" Waldemar Hartmann, mit der sich der damalige Bundestrainer vor seine Spieler stellte, ist legendär – und auch hier hat es der Popularität der beiden Protagonisten nicht geschadet, eher im Gegenteil.

Prominente im Allgemeinen, und Politiker im Besonderen, müssen unheimlich viel einstecken. So wie es bei jeder Fußball-WM an die 80 Millionen Bundestrainer im Land gibt, die im Nachhinein schon immer ganz genau gewusst haben, wie man den Gegner locker an die Wand hätte spielen können. So wie ein Wald von Illustrierten jede Bewegung der Kates und Williams dieser Welt festhält und auswertet. Wo es ein Politiker Tag für Tag mit einem Heer von Journalisten und Kritikern zu tun hat. Das gehört zum Job, es ist ein gewollter Teil der Demokratie. Wenn ein Politiker Kritik nicht verträgt, hat den falschen Beruf gewählt (äh, sich in den falschen Beruf wählen lassen).

Doch es gibt dabei auch Grenzen. Die Flut von unsachlichen, infamen, unverschämten und nicht selten auch unter die Gürtellinie gehenden E-Mails, die sich Woche für Woche in die Landtags- und Bundestagsrechner der Abgeordneten ergießt, erfordert schon eine Widerstandskraft, die mitunter die Kräfte auch der robustesten Persönlichkeit übersteigt. Und wenn daraus, wie im Fall des ehemaligen Bundespräsidenten Christian Wulf, die allgemeine Vorverurteilung und anschließende öffentliche Demontage nicht nur eines Amtes, sondern eines Menschen und dessen Privatlebens wird, die sich im Nachhinein auch noch als völlig unbegründet erwiesen hat, dann fragst du dich schon: Müssen „die da oben" sich das alles gefallen lassen?

Kritik berechtigt nicht zu schlechtem Stil

Ist es legitim, einen Außenminister mit Trillerpfeifen und unflätigen Zwischenrufen zu stören, wenn man doch in der Bundesrepublik – wofür uns übrigens eine Menge Ukrainer, Ägypter, Chinesen, Nordkoreaner, und Bürger vieler andere Länder beneiden – um die Ecke eine eigene Demonstration mit anderen, zu Steinmeier völlig konträren Meinungen, hätte anmelden dürfen?

Ich halte das für mehr als nur schlechten Stil. Das ist unverschämt. Und irgendwie ist es auch schmarotzerhaft: Die Lärmer und Randalierer ziehen ihre Legitimation aus der Popularität des anderen, (nur) so kommen sie in die Tagesschau. So wie manchmal Sektierer als Störenfriede in den Gottesdiensten anderer Kirchen auftauchen, um dann unvermittelt aufzustehen und laut hineinrufen, wie falsch das hier alles sei. Obwohl sie doch an der Ecke ihre eigene Kirche betreiben dürfen. Also, ich habe da eine klare Position: Wenn man so unqualifiziert angegriffen und provoziert wird, dann darf man auch mal laut werden.

Zumal das Gegenteil nun wirklich kein Typus von Politiker ist, den wir uns wünschen. Der sollte höchstens für eine Satire taugen: Der aalglatte, dauerlächelnde, wortreich schwafelnde Ja-und-Nein-zugleich-Sager, der dir alles verspricht, nichts hält, aber irgendwie doch damit durch kommt. Der uns aus jeder Talkshow anlächelt und darauf trainiert ist, nur noch kleine Inhaltshäppchen zum besten zu geben. Solche Typen gehen uns doch erst recht – und zu Recht – auf den Senkel. – By the way: dieser Typ kann nicht nur als Politiker, sondern auch in anderer Gestalt, etwa als Verkäufer oder Pastor auftauchen.

Wir brauchen echte Typen mit Mumm (und das können auch gerne Frauen sein). Typen, die uns vermitteln, dass sie im selben Leben stehen wie du und ich. Typen, die auch mal an ihre Grenzen kommen, die Emotionen zeigen, die sich wehren. Als Helmut Kohl 1991 in Halle/Saale mit Tomaten beworfen wurde, gingen dem „Kanzler der Einheit" die Gäule durch, und er wollte auf die Werfer losstürmen, nur mit Mühe konnten Personenschützer den Koloss zurückhalten. Kohl hat eine Menge Häme dafür einstecken müssen – aber eben auch Sympathien erworben. Spätestens an diesem Tag war eines klar: dem Mann liegt auch emotional etwas an der Deutschen Einheit. Kritik daran nahm er persönlich.

Vernunft und Leidenschaft gehören zusammen

Argumente sind die Grundlage einer demokratischen Kultur. Vernunft ist eine Notwendigkeit in jeder politischen Debatte. Doch seien wir ehrlich: Bringt uns eine zwar vernünftig argumentierende, aber blutleere Rede wirklich in Bewegung? Leidenschaft, Emotion, Mumm – das braucht es genauso. Beides gehört zusammen, dann bewegt man/frau was.

22. Der Präsident und die Nächstenliebe

Es wird November. Der Winter steht vor der Tür, die Nächte werden empfindlich kalt. „Wer jetzt kein Haus hat, baut sich keines mehr", schreibt Rainer-Maria Rilke in seinem bekannten Gedicht „Herbsttag". Wie Recht er hat. Wer in der kalten Jahreszeit kein Haus hat, keine Wohnung, kein Obdach – wo kommt der unter? Im Behelfsquartier oder in einer Notunterkunft. Oder nirgends: Viele Obdachlose bleiben auf der Straße.

Und das kann lebensgefährlich sein. Als 1984 in Berlin ein Mann auf der Straße erfriert, wird die Stadtmission aktiv: Sie setzt einen Kältebus ein, der direkt zu den Obdachlosen fährt. Mitarbeiter fahren zu den bekannten Plätzen, an den Obdachlose leben, oder nehmen Hinweise aus der Bevölkerung auf, die einen Menschen auf der Straße gesehen haben. Zwei Busse der Stadtmission sind Nacht für Nacht in Berlin unterwegs. Von November bis März, von neun Uhr Abends bis drei Uhr Morgens. Sozialarbeiter und ehrenamtliche Helfer bieten heißen Tee an, versorgen die Menschen mit warmer Kleidung und Decken, oder bringen sie, wenn gewünscht, zu einer Notschlafstelle.

Obdachlosigkeit ist bis heute ein gravierendes Problem in Deutschland. Das wäre einen eigenen Artikel wert. Hier und heute soll es aber um einen prominenten Unterstützer der Stadtmission gehen: Bundespräsident Frank-Walter Steinmeier.

2015 begleitete der damalige Außenminister die Streetworker im Kältebus für eine Nacht. Er schenkte Tee aus, sprach mit Obdachlosen. Sein Besuch kam nicht von ungefähr und war viel mehr als ein PR-Gag. Schon einige Jahre davor hatte er die Bahnhofsmission besucht und kräftig beim Broteschmieren geholfen. Auch in seinem Brandenburger Wahlkreis engagiert sich Steinmeier für die Arbeit der Notunterkunft.

Obdachlosigkeit beschäftigt den SPD-Mann seit langem. Seine 1991 abgeschlossene Promotion widmete der Jurist dem Thema: „Bürger ohne Obdach. Zwischen Pflicht zur Unterkunft und Recht auf Wohnraum: Tradition u. Perspektiven staatlicher Intervention zur Verhinderung und Beseitigung von Obdachlosigkeit".

Steinmeier beließ es nicht bei der Theorie. Bei seinen Besuchen macht er sich ein eigenes Bild und packt tatkräftig mit an. Oder er greift in die Tasche: Im vergangenen Jahr wurde dem Außenminister in der Schweiz der „Europapreis für politische Kultur" der Hans Ringier Stiftung verliehen. Dotiert ist diese renommierte Auszeichnung mit 50.000 Euro. Steinmeier stiftete das Geld komplett an die Berliner Bahnhofsmission. Übrigens ohne das ganz große Presse-Bohei. Ein wichtiger Baustein für den Bau eines neuen Beratungs- und Veranstaltungszentrums, das Anfang 2018 eröffnet wurde. Benötigt wird es wegen der gestiegenen Zahl obdachloser Menschen.

Eher ins Private gehört Steinmeiers Nierenspende. Dennoch möchte ich es erwähnen, denn hier zeigt sich eine Haltung: Als seine Ehefrau, Elke Büdenbender 2010 schwer erkrankte und eine Transplantation benötigte, zog sich der Politiker für einige Wochen von den Amtsgeschäften zurück und spendete ihr eine seiner Nieren. 2015 kommentierte er den Jahrestag der Transplantation: „Wir feiern jetzt beide gemeinsam den fünften Geburtstag".

Warum schreibe ich das alles? Steinmeier ist kein Heiliger. Auch kein perfekter Politiker. Und für das Amt des Bundespräsidenten war er der politische Kompromisskandidat. Aber mit seiner persönlichen Integrität und Glaubwürdigkeit hat er die Möglichkeit, diesem Amt die nötige Würde zu verleihen.

Der Bundespräsident ist der erste Mann im Staat, seine Frau ist die „First Lady". An ihnen richten sich viele Bürger aus.

Die Macht des Präsidenten in Deutschland ist nach den Erfahrungen des Dritten Reiches bewusst beschränkt worden. Anders als etwa in den USA, in Russland oder der Türkei, wo die Präsidenten die Regierungsgeschäfte führen.

Einem deutschen Staatsoberhaupt bleibt vor allem die Macht des Wortes. Dessen Bedeutung aber ist nicht zu unterschätzen. Das haben viele von Steinmeiers Vorgängern eindrucksvoll gezeigt. Denken wir an Richard Weizsäckers Rede zum 8. Mai, in der er das Ende des Zweiten Weltkriegs einen „Tag der Befreiung" nannte und damit einen neuen Umgang mit der deutschen Geschichte initiierte. Oder nehmen wir Roman Herzogs bekannte Rede vom „Ruck", der durch Deutschland gehen müsse, und mit der er eben diesen Ruck auch auslöste.

Christen wissen: das Wort ist mächtig. Worte schaffen Wirklichkeit. Worte prägen Kultur. Luthers Wortgewalt ist das eindrücklichste Beispiel.

Vor allem aber wirkt das Wort, wenn es „Fleisch" wird. Wenn es Gestalt annimmt. Wenn Worte nicht Gerede sind, sondern aus Worten auch Taten werden.

Ein Bundespräsident ist ein Vorbild. Er hat die Macht, Worte zu wählen, Themen zu setzen – und er hat die Pflicht sie zu verkörpern. In Tat und Wahrheit. Steinmeier tut das. Ihm gebührt dafür Respekt. Solche Vorbilder brauchen wir. Heute mehr denn je.

23. Das Volk, die Bürger und das Gespräch

Ein gediegenes Zimmer im Schadowhaus in Berlin. Parkettfußboden, Stuckdecken, alte Meister an den Wänden. Die deckenhohen Bücherregale sind gestapelt voll. Die Themen reichen von Literatur über Politik, Religion, Philosophie bis zur Kunstgeschichte. Wir sitzen im Büro von Wolfgang Thierse, Bundestagsvizepräsident a.D.. Ein Ostdeutscher, SPD Mann der ersten Stunde in der ausgehenden DDR. Der bekennende Katholik ist ein kluger Intellektueller und nüchterner Analytiker, einer der Argumente abwägt – mit seiner Meinung aber nicht hinterm Berg hält. Thierse kann Klartext sprechen. „Demokratie lebt vom Streit", erklärt er, „vom Austausch von Argumenten, klar in der Sache, freundlich im Ton".

Und schon sind wir mitten im Thema. Die Demonstrationen von Chemnitz liegen erst wenige Tage zurück. Nach dem Tod eines Mannes, der von einem Flüchtling erstochen wurde, hatten AfD, Pegida und Pro Chemnitz gemeinsam mit einigen Hooligangruppen 8.000 Menschen mobilisiert, eine Gegendemonstration brachte 3.000 Teilnehmer auf die Straße. Es war zu Ausschreitungen gekommen, Hitlergrüße wurden gezeigt, wütende Parolen skandiert, einige Medien berichteten, dass es am Rande der Demo regelrechte „Hetzjagten" auf Migranten gegeben hätte. Im Vorfeld waren zahlreiche manipulierte Nachrichten über den Hergang des Mordes in den sozialen Medien kursiert.

Wir nehmen die Geschehnisse zum Anlass, um über die Verrohung in der Sprache, den Mangel an sachlichen Gesprächen oder die kollektive Ablehnung von Institutionen zu sprechen, die sich in Begriffen wie „Altparteien" oder „Lügenpresse" spiegelt. „Was kann man dagegen tun", frage ich. Thierse greift sich in den Rauschebart, reibt sein Kinn eine Weile, bevor er antwortet: „Den Konflikt in der Bevölkerung, der durch die Zuwanderung entstanden ist, würde ich auf eine Formel bringen: Wir müssen den Fremden eine Heimat geben, ohne dass den Menschen hier ihre Heimat fremd wird. Das allerdings ist ein langer und schwieriger Prozess. Die Integration der Vertriebenen nach dem Zweiten Weltkrieg hat zwanzig Jahre gedauert, verbunden mit vielen Konflikten – und das waren Deutsche. Die Integration der sogenannten Gastarbeiter ist bis heute nicht abgeschlossen, wie insbesondere die letzten Monate gezeigt haben. Vor uns liegt eine schwierige und komplexe Aufgabe. Ein Feld, das Menschen anfällig macht für schnelle und einfache Antworten."

Wie Politik die aufgebrachten Menschen denn erreichen könne, will ich wissen. Seine Antwort ist schnörkellos: „Gar nicht." Ich bin ein wenig verwirrt. Thierse sieht es mir an und erklärt mir, was er meint. Die Politik und auch der Rechtsstaat müssten klare Zeichen setzen. Das sei dringend geboten. Aber als öffentlicher Gesprächspartner seien sie für viele Menschen untauglich. Es käme gar nicht erst zu einem Austausch von Argumenten, da die Gegner darauf aus seien, den Konflikt eskalieren zu lassen. „Wer kann dann die Menschen erreichen", frage ich nach, „die Kirchen vielleicht?" Der Alt-Bundestagspräsident schüttelt den Kopf. „Es ist wichtig, dass sich Christen mit Gottesdiensten und Friedensgebeten beteiligen, das haben wir ja bei der friedlichen Revolution erlebt, aber sie erreichen nur noch wenige Menschen." Das gelte generell für Institutionen, wie Vereine oder Parteien, gerade im Osten Deutschlands.

Mich überkommt eine gewisse Resignation. „Heißt das, wir müssen diese Eskalationen einfach hinnehmen?" Thierse widerspricht energisch. „Nein, ganz und gar nicht. Aber es ist falsch, die Lösung allein von den Autoritäten zu erwarten. ‚Die da oben' können das Problem nicht lösen. Natürlich müssen Politik und Kirchen ihren Teil tun. Politik muss die Probleme der Menschen lösen, für bezahlbaren Wohnraum oder angemessene Bedingungen in der Pflege sorgen. Aber die Menschen wirklich überzeugen? Das können nur diejenigen tun, die als Gesprächspartner ernst genommen werden: Familie, Freunde, Arbeitskollegen; gegen Hass müssen die Bürger vorgehen."

Mir gehen die Rufe der Demonstranten durch den Kopf: „Wir sind das Volk, wir sind das Volk". Thierse hat Recht. Das Volk ist gefragt. Die Bürger. Die schweigende Mehrheit. Auch wir müssen auf die Straße gehen. Nur wenn wir uns zu Wort melden, wird deutlich, dass es eine Minderheit ist, die lautstark den Ton angibt. Das Motto des Chemnitzer Konzerts gegen rechte Gewalt – wegen der Teilnahme der linksextremen Punkband „Feine Sahne Fischfilet" nicht unumstrittenen – war da passend gewählt: „Wir sind mehr." 65.000 Menschen kamen in die Stadt.

Diese Zeichen sind wichtig, sie haben eine starke Symbolkraft. Aber sie ersetzen eben nicht das andere: Das Gespräch, den wiederholten, nicht nachlassenden Diskurs. Wer überzeugen will, muss Geduld mitbringen und zuhören lernen. Er muss Fragen stellen und eigene Fehler zugeben. Und er muss glaubwürdig sein, weil er in der gleichen Straße wohnt, dieselben Nachbarn hat, einen ähnlichen Beruf ausübt. Ein Staat lebt von seinen Bürgern. Er lebt vom Vertrauen, und das entsteht im Gespräch. Nur wer sich darauf einlässt, der gestaltet wirklich die Demokratie. Hier, auf dem Sofa im Gespräch mit Wolfgang Thierse, wird mir das wieder neu bewusst, und draußen, im Dialog mit den Menschen, muss es sich bewähren.

24. Auf der faulen Haut? Aus dem Alltag eines Bundestagsabgeordneten

„Was tun die eigentlich?" fragte ein empörter Bürger, als er erfuhr, wo ich arbeitete. Er hatte auf Phoenix eine Bundestagsdebatte verfolgt und mit Entrüstung den (fast) leeren Plenarsaal zur Kenntnis genommen. Der Mann steht mit seiner Empörung nicht alleine. Sieben Jahre arbeitete ich für einen Bundestagsabgeordneten, kurz MdB, und kaum eine Frage wird mir häufiger gestellt. Was tun die eigentlich?

Genau genommen sind das ja sogar zwei Fragen: 1) Warum ist der Plenarsaal so spärlich besetzt? 2) Was tut ein MdB den lieben langen Tag?

Nummer eins ist schnell beantwortet: Die meisten Debatten im Bundestag werden zu Fachfragen geführt. Jeder MdB hat Spezialgebiete, in die er sich als Sprecher oder Berichterstatter intensiv einarbeitet. Dazu bilden sich die Fachausschüsse (26 sind es zurzeit, in jeder Legislaturperiode werden sie neu besetzt) und analog thematische Arbeitsgruppen der Parteien. Zu breit ist die Themenpalette, die im Bundestag beraten wird, als dass sich jeder einzelne MdB über jeden Gesetzentwurf minutiös informieren könnte. In den Fraktionen berichten die Experten dann, eine Diskussion ermöglicht die Meinungsbildung für alle anderen. Redner in den Debatten sind dann jeweils die Ausschussmitglieder zu ihren jeweiligen Themen. Da die Sitzungswochen sehr voll sind, finden Ausschüsse und Plenum parallel statt. Die Tagesordnung wird so gestaltet, dass die Themen möglichst nicht mit den zuständigen Fachausschüssen kollidieren. Daher der leere Plenarsaal: Die meisten Abgeordneten sind während dieser Zeit in ihren Ausschüssen. Zu aktuellen Stunden, Regierungserklärungen, Themen mit allgemeiner Bedeutung (etwa bei Gewissensfragen) und natürlich zu den Abstimmungen kommen dann alle MdBs ins Plenum.

Für die zweite Frage möchte ich (mit freundlicher Genehmigung) einen Blick in den MdB-Kalender von Frank Heinrich werfen. Ich wähle ein beliebiges Datum. Stellvertretend für jeden anderen Sitzungstag, und ebenfalls stellvertretend für die anderen Abgeordneten, deren Tage ein ähnliches Pensum aufweisen.

Mittwoch, 23. September 2015. Um 6:30 Uhr klingelt der Wecker, duschen, Frühstück, parallel: einige dringliche E-Mails beantworten.

7:15 Uhr: Abfahrt von der Wohnung zum Jakob-Kaiser-Haus, im Auto: Telefonate. Dort um 7:45 Uhr Französisch-Kurs (beim Arbeitsschwerpunkt Afrika sind viele Diplomatengespräche auf Französisch), im Anschluss um 9:00 Uhr Ausschuss für wirtschaftliche Zusammenarbeit (AWZ) im Paul-Löbe-Haus. Mit dabei: Postmappe zur Durchsicht (mal sind es zehn, mal fünfzig Briefe pro Tag). 10:45 Uhr: Gesprächstermin im MdB-Büro mit Vertretern einer Stiftung, Ideenaustausch zu Projekten im Wahlkreis. Im Anschluss, kurze Abstimmung mit den Mitarbeitern im Büro, mehrere Telefonate. 13:00 Uhr: Reichstag, Treffen mit der Europaministerin Albaniens, Thema: Flüchtlinge. 14:00 Uhr: öffentliche Anhörung zur Sterbebegleitung (Mitarbeiter übernimmt und schreibt mit). 14:30 Uhr: Treffen der Obleute des Ausschusses für Menschenrechte und Humanitäre Hilfe (MRA) Absprachen zur Tagesordnung, 15:00–18:00 Uhr: MRA mit zwei eigenen Berichterstattungen – parallel: Aktuelle Stunde im Plenum. 18:00 Uhr: MdB-Büro, Treffen mit Terre des femmes, Thema: Zwangsprostitution. Im Anschluss: Briefing durch Mitarbeiter zu Themen des Tages (u.a. öffentliche Anhörung), kurze Absprache zu Post und E-Mails. Um 19:30 Uhr Fahrt zum Jugendgästehaus, Diskussionsrunde mit Teilnehmern der „Tage der Begegnung" als einer von vier MdBs, danach Gespräche mit den jungen Erwachsenen, Ende: 22:00 Uhr. Parallel: „Ruf-Bereitschaft", bei strittigen Abstimmungen Fahrt ins Plenum (heute bis ca. 23:00 Uhr). Besonderheit an diesem Tag: nur ein Abendtermin, manchmal sind es (trotz Auswahl und Absagen) bis zu drei Termine nacheinander. Im Anschluss Fußweg zur Wohnung, dabei mehrere Telefonate. Zuhause: E-Mails beantworten, zwischen 1:00 und 2:00 Uhr erlischt das Licht. Nächster Morgen: 7:00 Uhr klingelt der Wecker.

Ein Journalist, der vor einiger Zeit Frank Heinrich einen Tag lang im Bundestag begleitet hat, stellte nachmittags die Frage: „Wann essen Sie eigentlich?". Gute Frage. „Was tun die eigentlich?" hatte sich erübrigt. Essen: Wenn es passt. In manchen Sitzungssälen lassen sich belegte Brötchen erwerben. Manchmal passt es nicht. Manchmal wird aus einem Termin ein Arbeitsessen.

Soweit zu den Bundestagswochen. Dazu kommen die Termine im Wahlkreis. Gut die Hälfte seiner Zeit verbringt ein MdB dort. Und es reiht sich ebenfalls Termin an Termin: Mein Chef, der aus dem Sozialbereich stammt, nutzte sein erstes Jahr zu Firmenbesuchen, um sich ein Bild von der Wirtschaft in Chemnitz zu machen. Da kamen in einem Jahr über 100 Besuche zusammen, insgesamt 160 plus Bürgersprechstunden, Gesprächsrunden, Vorträgen, Schülerprojektwochen, Diplomatenbesuchen – und manchem mehr.

Fazit: Man muss nicht mit allem einverstanden sein, was Politiker tun. Aber eines dürfte deutlich geworden sein: Auf der faulen Haut liegt im Deutschen Bundestag niemand.

25. Ethik 4.0 im Zeitalter der Digitalisierung

Meine Tochter Melissa lächelt mich an. Sie ist erst wenige Tage alt. Als frisch gebackener Vater platze ich fast vor Stolz. Bis meine Frau trocken kommentiert: „Das ist ein Reiz-Reaktionsschema, du hättest ihr auch einen Smiley hinhalten können."

Es gibt Momente, wo man sich fragt, ob es vernünftig war, eine Pädagogin zu heiraten...

Natürlich hatte Christine recht. Nur: Ersetze die persönliche Zuwendung dauerhaft durch ein „technisches" Hilfsmittel, oder beschränke sie auf die rein materielle Versorgung und das Kind wird nicht lange überleben, wie die sogenannten „Kasper-Hauser-Versuche" im Mittelalter gezeigt haben.

Dieses kleine Erlebnis wirft eine ethische Fragestellung auf: Wo kann Technik den Menschen ersetzen – und was kann nur der Mensch dem Menschen geben?

Die sogenannte „Digitale Revolution" wird häufig mit der „Industriellen Revolution" des 19. Jahrhunderts verglichen. Und tatsächlich, es gibt viele Parallelen: Die Erfindung der Maschinen führte zu einem kompletten Wandel der Gesellschaft. Die Großfamilie löste sich auf. Entschiedene Erleichterungen für den einzelnen Arbeiter gingen mit der Verelendung der Arbeiterklasse und der Ausbildung eines Prekariats Hand in Hand.

Mit dem technischen Fortschritt wurde das 19. Jahrhundert auch zum Sozialen Jahrhundert. Große Konzepte wurden entworfen. Neue Parteien und Gewerkschaften entstanden, Sozialversicherungen und Bildungsprogramme entwickelt.

Von kirchlicher Seite wurden vor allem die Prinzipien der katholischen Soziallehre prägend, die auch bei der Entstehung des Grundgesetzes 1949 Pate standen: Personalität, Subsidiarität und Solidarität. Maßstäbe, die auch einer Ethik 4.0 im Zeitalter der Digitalisierung Struktur geben können.

Personalität 4.0: Menschenwürde und Menschenrechte

Im Mittelpunkt der Soziallehre steht das Individuum. Der Mensch als Geschöpf Gottes, mit unverletzlicher Würde ausgestattet. In diesem Sinne fragt die Soziallehre nicht danach, was technisch möglich sei, sondern, wo die Technik dem Einzelnen dient. Digitalisierung bietet Chancen: Sie kann Dienstleistungen zur Verfügung stellen, die Selbstbestimmung und Selbstständigkeit eines Menschen fördern. Sie bietet medizinische Therapien, die noch vor wenigen Jahren undenkbar waren, sie stellt moderne Kommunikationsmittel zur Verfügung.

Aber sie kann eben auch zur Vereinsamung führen, wenn technische Hilfsmittel die menschliche Zuwendung ersetzen. Schon heute leiden viele alte Menschen an Deprivation (Vernachlässigung). Die Erfahrungen mit demenzkranken Menschen zeigen, dass dieser Zustand sich durch menschliche Zuwendung deutlich verbessern lässt.

Subsidiarität 4.0: Freiheit zur Verantwortung

Nach dem Subsidiaritätsprinzip ist die jeweils kleinste Einheit zu berücksichtigen, bevor die höhere Ebene „hilft" (lat. subsidium = Hilfe, Beistand, Rückhalt, Stütze, Schutz). Unserer föderales Gemeinwesen ist so aufgebaut: Familie vor Staat, Kommune vor Land oder Bund.

Für die Pflege von Menschen heißt das: In der Entscheidungsfindung sind immer zuerst der Patient selbst, dann seine Familie, schließlich die Einrichtung und erst dann der Staat zu befragen. Der Staat wird übergriffig, wenn er ohne Einwilligung Daten auswertet, Tests durchführt oder – wie zurzeit diskutiert – Organe verwertet.

Anderseits muss die Politik (der Staat) einheitliche Pflegestandards entwickeln, etwa in der Ausbildung, der pflegerischen Qualität oder bei den gesellschaftlichen Rahmenbedingungen wie der Vergütung. Digitalisierung kann hier deutlich entlasten. Ein Hebekran kann helfen, den Patienten regelmäßig zu wenden, ein intelligenter Teppich meldet Stürze, Messgeräte liefern Megadaten zur Evaluierung – und vieles mehr.

Die Vereinfachung von bestimmten Tätigkeiten und in der Verwaltung kann zu einer Freisetzung des Personals führen. Die Regel dabei sollte lauten: Technik kann den Menschen ergänzen, ersetzen kann sie ihn nicht.

Solidarität 4.0: Teile und zahle

Auch wenn der Begriff abgenutzt wirkt: Solidarität ist ein Kerngedanke des Sozialstaates. Sie ist das Grundprinzip der Krankenkassen, der Arbeitslosen- und Rentenversicherung. Die Jungen und Gesunden zahlen ein, die Kranken und Alten werden durch die Solidargemeinschaft versorgt.

Der demografische Wandel und steigende Gesundheits- und Pflegekosten bringen dieses System zunehmend an seine Grenzen. Digitalisierung bietet in vielen Bereichen die Möglichkeit, Kosten zu sparen.

Aber darin liegt auch eine Gefahr: Wenn an die Stelle sinnvoller Einsparungen die Gewinnmaximierung tritt. Mit Gesundheit und Pflege lässt sich viel Geld verdienen – aber sie sind mehr als (nur) ein Geschäftsmodell. Digitalisierung darf nicht auf Kosten des Personals und damit des Patienten erfolgen.

Bei allem technischen Fortschritt wird gelten: Unsere Zukunft ist zwar digital, aber nicht virtuell, für die Menschen ist sie real, Tag für Tag. Um sie menschlich zu gestalten, bietet die Soziallehre einen sinnvollen Orientierungsrahmen.

Kommen wir zu meiner Tochter zurück. Ein Smiley mag kurzfristig ein Reiz-Reaktionsschema auslösen. Echte Zuwendung ersetzt er nicht.

26. Fake News entzaubern

In den letzten Jahren habe ich einige neue Wörter gelernt: Zuerst „Lügenpresse", das später zur „Lückenpresse" mutierte, dann „Fake News", das es 2017 sogar als offizielle Vokabel in die 27. Auflage des Duden schaffte, und irgendwann kam dann noch der Begriff „alternative Fakten" dazu.

Sie alle könnten einer Familie entstammen, denn sie beschreiben das gleiche Phänomen: Sie stellen infrage, was uns als (vermeintliche) Wahrheit präsentiert wird.

Wie kommt das? Nicht nur die Zahl der Informationen steigt immer weiter an, sondern auch die Möglichkeiten, eben diese zu manipulieren. Wir wissen einfach nicht mehr, was wir wirklich glauben können. Zu vieles strömt tagtäglich auf uns ein – und die Welt ist komplizierter geworden. Wer kann die Eurokrise wirklich erklären? Wer durchschaut die tatsächlichen Zusammenhänge der Globalisierung? Das sind nur zwei von unzähligen Fragen, die kaum zu verstehen, geschweige denn – einfach – zu beantworten sind. Entsprechend wird der Ruf nach denen laut, die dennoch einfache Antworten formulieren und schnelle Lösungen versprechen. Das ist verständlich, aber es ist ein Trugschluss. Denn für komplizierte Probleme gibt es keine simplen Lösungen. Da ist schon jetzt das böse Erwachen vorprogrammiert.

Doch weil wir überfordert sind, laufen wir Gefahr, tatsächlichen Rattenfängern auf den Leim zu gehen. Denn darauf zielen die „Fake News" ja ab: Sie fälschen Bilder oder erfinden Nachrichten und speisen diese dann in die Sozialen Netzwerke ein. Je abstruser die Fälschung, desto wahrscheinlicher ist die virale Verbreitung. Das erzeugt Aufmerksamkeit und hinterlässt unbewusste Spuren. Wir wissen: Wenn man jemanden nur mit genügend Dreck bewirft, bleibt immer etwas hängen.

Ein Beispiel: „Es ist ein düsterer Ort, an dem selbst die Kinder nichts mehr zu lachen haben. Alles ist strengen Regeln der politischen Korrektheit unterworfen, bis hin zur Errichtung von Schneemännern. Wer einen weißen Schneemann baut, muss auch einen in Gelb und Schwarz danebensetzen. Verstöße werden als Rassismus verfolgt und mit einer Strafe in Höhe von 5.000 Euro belegt."

Diese Meldung über ein angebliches Dorf in Deutschland hat sich tausendfach im Netz verbreitet. Der Schweizer Tagesanzeiger hat recherchiert und herausgefunden: Die Nachricht ist komplett erfunden und wurde von sogenannten Trollen aus Russland gezielt ins Internet eingespeist, um das Thema Rassismus zu diskreditieren und so den „politisch korrekten Gutmenschen" übel mitzuspielen. Hier versuchen undemokratische Kräfte, diese Fake News brutal für ihre eigenen Machtinteressen auszunutzen.

Wir leben in einer Zeit, in der insbesondere über soziale Medien massiv manipuliert wird. Für Christen muss gelten: Wir dürfen nicht alles glauben, was uns vorgesetzt wird. Die Wahrheit muss zu ihrem Recht kommen. Dafür muss ich aber überhaupt erst einmal wissen, was wahr ist. Und das herauszufinden ist anstrengend, denn es bedeutet: Prüfen, prüfen und nochmals prüfen. Das wusste schon Paulus, als er schrieb: „Prüfet alles und das Gute behaltet" (1. Thessalonicher 5,21). Erst danach sollten wir uns eine Meinung bilden. Und wiederum danach Informationen weitergeben oder bei Facebook teilen.

Eine hervorragende Möglichkeit, Nachrichten zu überprüfen, bietet die Seite quellencheck.de. Der Christ und Journalist Michael Voß hat diese Seite erstellt. Auf einem Prüfpfad führt er den Nutzer Schritt für Schritt dazu, den Wahrheitsgehalt einer Nachricht herauszufinden. Auch Beispiele von Fake News oder weit verbreiteten Behauptungen finden sich auf der Seite. Da ist manches Aha-Erlebnis garantiert.

Gerade in unserer Zeit sind aber nicht nur technische Hilfsmittel wie quellencheck.de gefragt. Noch viel mehr brauchen wir Persönlichkeiten. Integre, aufrichtige Menschen. Als Journalisten, als Politiker und als Bürger. Je uneindeutiger die Informationslage, desto wichtiger ist es, dass es Menschen gibt, die sich an der Wahrheit orientieren. Menschen, die ihr Leben auf ein solides Wertegerüst stellen, und die den Mut aufbringen, Fehler auch einzuräumen, sollten sie selber einmal einer Fake News aufgesessen sein.

Eine faszinierende Beobachtung aus dem politischen Raum: Obwohl nur jeder Vierte eine hohe Meinung von „den" Politikern hat, gibt eine große Mehrheit an, dass sie die ihnen persönlich bekannten Abgeordneten sehr wohl schätzt. Man sieht: Durch eine integre Persönlichkeit und durch direkte Kontakte ändert sich die Wahrnehmung.

In der Präambel des Grundgesetzes heißt es: „In Verantwortung vor Gott und Menschen". Das gilt allen Bürgern, nicht nur den Politikern.

Wer Verantwortung übernimmt, ist der Wahrheit verpflichtet. Und damit lässt sich die Wahrnehmung verändern. Die Amerikaner nennen das „to make a difference" – ein Einzelner kann einen Unterschied machen, d.h. etwas bewirken.

Niemand muss auf Fake News hereinfallen. Und eine „alternative Wahrheit" kann es nicht geben. Aber Alternativen zum derzeitigen Klima sehr wohl. Ein wahrhaftiger Lebensstil und ein respektvoller Umgang miteinander sind die besten Alternativen. True News und Real Life sind dann vielleicht die Begriffe von morgen.

27. Geschlechtergerechtigkeit: Mehr als ein Sternchen

Meine Tochter war für neun Monate in Südafrika, internationaler Freiwilligendienst. Sie arbeitete in einem Kindergarten in Mamelodi, einem schwarzen Township in Pretoria. Das meiste ging auf Englisch, aber sie lernte auch ein paar Brocken Xosa. Natürlich bekam sie von ihren Freunden auch einen einheimischen Kosenamen: Entle. Sie schrieb ihn uns per E-Mail, am Telefon spottete ich liebevoll: „Na, meine schwäbische Entendame." Sie protestierte: „Halt, Papa, da ist ein Knacklaut drin: Ent-tschak-le." Ich versuchte mich daran, und scheiterte kläglich. Wir lachten beide.

Das nächste Mal hörte ich den gleichen Laut neulich in Berlin. Ich unterhielt mich mit einer Praktikantin im Büro eines Abgeordneten. Sie saß alleine im Büro, ich fragte, ob die Kollegen auch da seien. Ziemlich scharf und mit einem bitterbösen Blick kam ihre Antwort: „Die Kolleg-tschak-innen sind zu Tisch." Das hatte nun aber nichts mit einem afrikanischen Dialekt zu tun, sondern hier war ich in die Genderfalle getappt, – und hatte doch glatt allen weiblichen Abwesenden mit meiner maskulin gefärbten Sprache die Existenz abgesprochen... Übrigens hatte ich bis dahin noch gar nicht gewusst, dass man das Sternchen auch mitspricht.

Warum dieser – zugegeben etwas spitze – Einstieg? Aus zwei Gründen: Zum einen weil die Verhunzung der deutschen Sprache so verheerend ist, und die überheblich moralinsaure Attitüde dieser Sprachpantscher-tschak-innen so belehrend und arrogant daherkommt, dass ich es wirklich nur schwer ertragen kann. Und zweitens weil wir uns hier in unserer westlichen Wohlfühlzone in absurden Debatten über Knacklaute und gegenderte Toiletten verlieren, die mit der tatsächlichen Diskriminierung von Frauen nur wenig zu tun haben. Meiner Meinung nach ist damit das Thema verfehlt. Weltweit sind die Gleichstellung von Frauen und Männern und die nicht vorhandene Chancengleichheit von Mädchen und Jungen ein Riesenproblem. Meine Tochter kann nach ihrem Jahr in Südafrika ein Lied davon singen.

Gender Mainstreaming, also die politisch vordringliche Behandlung von Geschlechterthemen ist daher definitiv ein Thema, das weltweite Priorität verdient. Der Begriff wurde erstmals 1985 auf der 3. UN-Weltfrauenkonferenz in Nairobi diskutiert und zehn Jahre später auf der 4. UN-Weltfrauenkonferenz in Peking weiterentwickelt. Diese Debatten wurden geführt angesichts der brutalen Berichte von Massenvergewaltigungen während des Jugoslawienkrieges und während des Genozids in Ruanda.

Bis heute sind Frauen nicht nur die strukturell am stärksten betroffenen Opfer von Kriegen, sondern vielfältig benachteiligt. 130 Millionen Mädchen weltweit dürfen nicht zur Schule gehen, häufig, weil sie bereits im Kindesalter zwangsverheiratet wurden. In Südasien und Subsahara-Afrika wurde etwa die Hälfte aller Frauen, die heute 20 bis 24 Jahre alt sind, vor ihrem achtzehnten Geburtstag verheiratet. Die Mehrheit der Armen und der größte Teil aller Analphabeten sind weiblich. Jedes Jahr sterben etwa 300.000 Frauen an Komplikationen während der Schwangerschaft oder der Geburt, 99% von ihnen in Entwicklungsländern.

Um nicht missverstanden zu werden. Auch in Deutschland gibt es Diskriminierungen und Gewalt gegen Frauen. Zwei Zahlen, die das beispielhaft belegen: 34.000 Anrufe wurden 2016 beim Hilfetelefon „Gewalt gegen Frauen" verzeichnet. Dass das nur die Spitze des Eisbergs ist, und viele – vor allem auch sexuelle – Übergriffe gar nicht erst gemeldet werden, hat die „Me Too"-Debatte deutlich ans Licht gebracht. Zweitens: 97% aller Opfer von Menschenhandel zum Zweck der Zwangsprostitution sind weiblich, mehrere hunderttausend Frauen werden in unserem Land täglich gegen Geld vergewaltigt. Für einen aufgeklärten demokratischen Rechtsstaat sind diese Zahlen skandalös.

Gender Mainstreaming rückt diese Missstände zu Recht ins Bewusstsein. Kein Mensch darf wegen seines Geschlechts benachteiligt werden, das muss ohne wenn und aber gelten. Die Vereinten Nationen haben darum in ihre Agenda 2030 für nachhaltige Entwicklung, die sogenannten Sustainable Development Goals (SDGs) unter Punkt fünf dieses Ziel aufgenommen: „Geschlechtergleichstellung: Der Diskriminierung von Frauen und Mädchen will die UN weltweit ein Ende setzen."

Im Grundgesetz der Bundesrepublik Deutschland heißt es in Art 3, Abs 2: „Männer und Frauen sind gleichberechtigt. Der Staat fördert die tatsächliche Durchsetzung der Gleichberechtigung von Frauen und Männern und wirkt auf die Beseitigung bestehender Nachteile hin."

Dafür braucht es ein Umdenken, von Männern und Frauen, auch ein Nachdenken darüber, wie Männer und Frauen voneinander und übereinander reden.

Es gibt viel zu tun. Packen wir es an – und vergeuden unsere Zeit und Kraft nicht an die selbsternannten Sprachpolizist-tschak-innen.

28. Meinung haben – oder Meinung bilden? Beobachtungen zur US-Wahl

Trump, Trump, Trump – eine knappe Woche nach der US-Präsidentenwahl vom 8. November 2016 gehören drei von vier Schlagzeilen Donald Trump. Muss man ich mich da auch noch äußern?

Nun, wenn man eine Kolumne über den Politikbetrieb schreibt, kann man den Kopf nicht in den Sand stecken. Daher (auch) von meiner Seite ein paar Beobachtungen zum politischen Geschehen dazu.

Demokratische Wahl oder Glaubensbekenntnis?

Selten hatte ich bei Wahlen den Eindruck, dass die Positionen so früh so feststanden. Da ging es irgendwie nicht mehr um Meinungsbildung, nicht mehr um das Abwägen von Argumenten, sondern um ein Bekenntnis: Für oder gegen Donald Trump, für oder gegen Hillary Clinton.

In Deutschland war für eine überwältigende Mehrheit klar: Trump geht gar nicht. Für die meisten meiner Amerikanischen (und übrigens auch Russischen) Freunde stand das Gegenteil in Stein gemeißelt: No Hillary!

In vielen Gesprächen habe ich versucht, zu kitzeln, den Advocatus Diaboli zu spielen, Argumente herauszulocken – es ist mir selten, sehr selten gelungen. Die Meinungen standen fest, dogmatisch wie ein Glaubensbekenntnis. Mehr noch: Ich erntete ziemlichen Gegenwind von der einen wie der anderen Seite, wenn ich ein paar kritische Fragen zu ihrem Favoriten stellte. Die jeweils neuesten Enthüllungen änderten wenig bis gar nichts, sie waren einfach neue Munition für das, was vorher schon feststand. Weder der sexistische Locker Room-Trash Donald Trumps, noch die Enthüllungen um Clinton'sche Zusatzeinkünfte, scheinen das eigene Lager beeindruckt zu haben.

Was passierte da? Brillant aufgelöste HD-Screens bringen uns zehntausende Farben in die Wohnzimmer. Die Bilder dagegen, die wir uns selber machen, werden zunehmend schwarz-weiß. Übrigens nicht nur in der Politik.

Weltuntergang oder Legislaturperiode?

In der Euphorie der 1990er Jahre wurde „das Ende der Geschichte" (Francis Fukuyama) verkündet. Friedrich Hegel hatte unser westliches Geschichtsbild viele Jahrzehnte geprägt. These, Gegenthese, Synthese, oder politisch gesprochen: Macht und Gegenmacht führen zum Ausgleich und damit (auch im Konflikt) irgendwann notwendig zu einer Synthese. Die beiden Blöcke des Kalten Krieges waren diese Antagonisten, und nun sei das System überwunden, eine neue Zeitrechnung breche an, hieß es, eine Zeitrechnung ohne Kriege. Diese Euphorie ist lange verflogen.

Heute scheint mir eine ähnliche Dynamik zu herrschen. Nur anders herum: Hysterie statt Euphorie, Frust statt Faszination, Angst statt Aufbruch. Als stehe das Ende der Welt vor der Tür. Zum Menetekel wurde sogar das Datum stilisiert: Auf „Nine-Eleven" folge nun mit „Eleven-Nine" die nächste Katastrophe.

Strukturell liegt beides nicht weit auseinander. Optimisten und Pessimisten meinen beide, die Welt ein für allemal erklären zu können. Aber so funktioniert das Leben nicht. Es richtet sich nicht nach unseren Modellen. Nicht nach unserer Begeisterung und nicht nach unserer Angst. Die Welt will täglich gestaltet sein. Barack Obama hat es auf den Punkt gebracht mit seinem Kommentar: „Egal, was passiert, morgen wird die Sonne aufgehen." Das könnte man als Zynismus missdeuten. Oder man kann die positive Kraft begreifen, die in dieser – vermeintlich banalen – Aussage steckt: Ein neuer Tag ist eine Chance. In einer Demokratie gilt noch dazu: Legislaturperioden sind begrenzt. Eine Partei und ihre Kandidaten müssen sich erneut zur Wahl stellen. Nichts ist für immer. Schade manchmal, beruhigend meistens.

Resignation oder Verantwortung?

Hunderttausende Menschen gingen in den Tagen nach der Wahl auf die Straße, sie demonstrierten gegen Trump mit dem Slogan: „Not my president!". Ähnlich waren die Reaktionen vieler Briten auf den Brexit. Manchmal braucht die Enttäuschung ein Ventil. Das ist verständlich. Es ist legitim – und in einer Demokratie auch erlaubt.

Doch mit Demos alleine erreicht man keine dauerhafte Veränderung. Wer verändern will übernimmt Verantwortung, und zeigt einen langen Atem. Die „68er" nannten das „den Marsch durch die Institutionen". Wen die rassistischen Sprüche Trumps getroffen haben, der sollte sich aktiv für Migranten engagieren. Wer den politischen Filz der Clintons kritisiert, der sollte sich für Transparenz einsetzen und mit gutem Vorbild vorangehen, indem er sich eine eigene, unabhängige

Meinung bildet. Wen der Brexit schockiert, der muss aktiv europäisch denken und handeln. Wer das politische Klima in Deutschland kritisiert, der sollte sich einer Partei anschließen und mitarbeiten.

Das Schlimmste, was einer Demokratie passieren kann, ist, dass die Menschen resignieren und nicht mehr aktiv mitgestalten. In den USA las ich diesen kleinen Dialog: „Which party do you vote – Democrats or Republicans?" „Cocktail Party."

So wahr. Aber so wenig hilfreich. Vogel Strauß geht nicht. Wir überlassen das Feld den Falschen. Wenn es für mich eine Erkenntnis aus der US-Wahl gibt, dann diese: Machen wir mit.

PS: Wen ich gewählt hätte? Zum Glück musste ich nicht wählen.

29. Im Glashaus – oder: Kultur der Gnade

Berlin, 2. März 2016, Eilmeldung auf Spiegel-Online: „Vorwurf des Drogenbesitzes: Grünen-Politiker Volker Beck legt Ämter nieder. Bei dem Grünen-Abgeordneten Volker Beck sind bei einer Polizeikontrolle offenbar Drogen gefunden worden." Die BILD will zu diesem Zeitpunkt bereits wissen, dass es sich um Crystal Meth handelt, die Staatsanwaltschaft spricht zurückhaltender von 0,6 Gramm einer „betäubungsmittelsuspekten Substanz". Beck legt sofort alle Ämter nieder.

Kaum ist die Nachricht raus, beginnen die Kommentarspalten in den sozialen Netzwerken zu glühen. Ich will das hier nicht wiedergeben. Zu hasserfüllt, gehässig, schadenfroh und selbstgerecht ist das Meiste, was ich da gelesen habe.

Darum versuche ich es mal mit einem sachlichen Kommentar.

Wenn ein Spitzenpolitiker wie Volker Beck Crystal Meth bei sich hat, kann das fatale Folgen haben. Man mag ja die Freigabe von Cannabis diskutieren – ich bin übrigens dagegen –, aber Crystal ist eine ganz andere Liga. Dieses Gift ist noch brutaler als Heroin und Kokain. Es macht rasant schnell abhängig und hat massive Folgen für Körper und Psyche. Crystal zerstört Menschen. Diese Droge hat in der Tasche eines Abgeordneten nichts, einfach gar nichts verloren. Politiker stehen in der Öffentlichkeit, sie haben auch als Vorbild eine Verantwortung, und nichts darf den Gedanken auslösen, „wenn der das darf, darf ich es auch". Darum ist es richtig, dass der Bundestagspräsident Volker Becks Immunität aufgehoben und die Staatsanwaltschaft ein Verfahren eingeleitet hat.

Eines muss man Beck dabei zugute halten: Er hat nicht geleugnet, nicht verschleiert, sondern noch am selben Tag seine Ämter zurückgegeben.

„Jede Gesellschaft hat ihre typischen Drogen", sagte mir vor kurzem ein Drogenfahnder von der Kripo in Thüringen, „Crystal passt ideal zur Leistungsgesellschaft". Auch das bewegt mich in diesem Zusammenhang. Gerade Politiker stehen unter einem enormen Leistungs- und Erwartungsdruck. Da ist die hohe Arbeitsbelastung, mit regelmäßigen 16-Stunden Tagen. Da sind die vielen Entscheidungen mit ungewissen Auswirkungen (um nur ein Stichwort zu nennen: Militäreinsätze), die sehr häufig auch noch unter enormem Zeitdruck zu treffen sind. Da ist die ständige Beobachtung durch die kritische Öffentlichkeit. Dazu kommen permanente Angriffe auf die Privatsphäre, die durch Twitter und Facebook eine nie dagewesene Schärfe gewonnen haben. Der Begriff „Shitstorm" ist das Synonym für dieses Phänomen. Was sich da Tag für Tag über Personen des öffentlichen Lebens ergießt, ist schlimmer als ein Kübel Fäkalien.

Wir müssen uns fragen: Ist dieser Druck zumutbar? Kann das auf Dauer gut gehen? Und damit verbunden die Frage an die Christen: Können wir hier einen Unterschied in der Gesellschaft machen? Sollten wir nicht in der Form und in der Sache dazu beitragen können, eine „Kultur der Gnade" zu etablieren?

In der Form: Indem wir Politiker segnen, wertschätzend von ihnen reden und ein Vergehen ein Vergehen nennen, ohne den Menschen, der es begangen hat, zu verdammen und zu beschimpfen.

In der Sache: Der christliche Glaube weiß um die Gnade. Menschen sind fehlerhaft: „Sie sind allzumal Sünder" (Römer 3). Menschen brauchen die Erlösung. Darum ist Christus für uns gestorben. Ein Christ ist kein besserer Mensch, sondern ein begnadigter Sünder. Eine Kultur der Gnade ist ehrlich. Sie weiß um das Scheitern und ermöglicht daraus den Neuanfang. Und sie erhebt sich nicht über den anderen.

Ich sage es gerade heraus: Viele Christen tun das glatte Gegenteil. Sie verurteilen. Sie hetzen. Sie frohlocken, wenn dem Gegner ein Schaden widerfährt. Das darf nicht sein. „Wer unter euch ohne Sünde ist, der werfe den ersten Stein auf sie.", sagt Jesus (Johannes 8,7). Wir sind nicht besser. Machen wir uns nichts vor. Wir sitzen im Glashaus. Stichworte? Missbrauchsskandal reicht schon…

Eine Kultur der Gnade verdammt niemals eine ganze Person. Sie differenziert. Ein Drogenfund in der Tasche ist fatal. Aber muss man wegen eines privaten Vergehens das politische Werk einer Person in Frage stellen? Wird nicht Helmut Kohl immer der Kanzler der Einheit bleiben, und das, obwohl er schwarze Kassen geführt hat (immerhin ohne sich persönlich zu bereichern)? König David war ein Ehebrecher und Mörder, und doch wird er „Mann Gottes" genannt und war der größte König Israels.

Unrecht ist Unrecht, daran gibt es nichts zu beschönigen. Gnade, die alles durchgehen lässt, ist „billige Gnade" (Dietrich Bonhoeffer). Wahrheit, Reue und Umkehr sind Bestandteile einer Kultur der Gnade, wenn sie eben keine billige Gnade sein soll. Gnade darf niemals zum Alibi werden, um einen Lebensstil zu rechtfertigen, der Unrecht tut und Menschen Schaden zufügt. Christen haben eine Stimme, um Unrecht auch Unrecht zu nennen.

Aber Christen haben über Menschen nicht zu richten. Das ist Gottes Sache. Unsere Aufgabe hingegen ist, die Kultur der Gnade zu pflegen.

Artikelnachweis

1. Der politische Jesus – und der Auftrag der Christen
   (Neu, für dieses Buch verfasst)
2. „Wer nicht handelt, wird behandelt" – Christen und die Politik
   (dran next 10/2016)
3. Für Politiker beten
   (Neues Leben Magazin 5/2017)
4. Langweiler oder Leuchtturm?
   (Blickpunkt LKG Bayern 9-11/2018)
5. Welche Thesen gehören heute an die Rathaustür?
   (Christsein heute 10/2016)
6. Wieviel Politik gehört auf die Kanzel?
   (Christliche Medienmagazin pro 1/2018)
7. Lieblingsthemen
   (MOVO 3/2015)
8. Christen wählen Christus – Wo Politik an ihre Grenzen stößt
   (MOVO 4/2017)
9. „Die Ungerechtigkeit der Demokratie"
   (Neues Leben Magazin 6/2018)
10. Das ist ungerecht!
    (MOVO 1/2015)
11. Armutsschere
    (Die Gemeinde 2/2018)
12. Gottes Oasen in der Wüste – das Erlassjahr
    (Israelnetz.de 2017)
13. Gleicher Lohn für alle?
    (Die Gemeinde 5/2016)
14. Wer verdient, was er verdient?
    (MOVO 4/2016)
15. „Freiheit, Menschlichkeit und Frieden": Das Projekt Europa
    (MOVO 3/2018)
16. Wir sind das Volk!
    (MOVO 2/2015)

17. Man(n) kann was dagegen tun: (Zwangs-)Prostitution
    (MOVO 3/2016)
18. Hunger
    (MOVO 3/2017)
19. Unfertige Gedanken zum Thema Nummer Eins: Flüchtlinge
    (MOVO 4/2015)
20. Von Glauben und Anstand in der Politik
    (MOVO 2/2018)
21. Mumm
    (MOVO 2014)
22. Der Präsident und die Nächstenliebe
    (MOVO 2/2017)
23. Das Volk, die Bürger und das Gespräch
    (MOVO 4/2018)
24. Auf der faulen Haut? Aus dem Alltag eines Bundestagsabgeordneten
    (MOVO 1/2016)
25. Ethik 4.0 im Zeitalter der Digitalisierung
    (MOVO 1/2019)
26. Fake News entzaubern
    (MOVO 1/2018)
27. Geschlechtergerechtigkeit
    (MOVO 2/2019)
28. Meinung haben – oder Meinung bilden? Beobachtungen zur US-Wahl
    (MOVO 1/2017)
29. Im Glashaus – oder: Kultur der Gnade
    (MOVO 2/2016)

MOVO

Was Männer bewegt. Was Männer bewegen.

Bruchstückhaft, überraschend, vielfältig, im Werden, produktiv – so ist das Männerleben. Für dieses „Sein" gibt es MOVO, ein christliches Magazin voller Tatkraft, Humor und Wissen für Typen mit echten Überzeugungen.

Ein Abonnement (4 Ausgaben im Jahr) erhalten Sie in Ihrer Buchhandlung oder unter:

www.bundes-verlag.net

Deutschland:
Tel.: 02302 93093 910
Fax: 02302 93093 689

Schweiz:
Tel.: 043 288 80 10
Fax: 043 288 80 11

SCM
Bundes-Verlag

www.movo.net